Schattige Gärten
schön gestaltet

Jane Taylor

Schattige Gärten schön gestaltet

Kaleidoskop Buch

Aus dem Englischen übersetzt von Marlies Wulf
Redaktion: Silvia Rehder
Korrektur: Irmgard Perkounigg
Einbandgestaltung: Sascha Wuillernet
Herstellung: Dieter Lidl
Satz: Fotosatz Völkl, Puchheim

Die Originalausgabe mit dem Titel *The Shady Garden* wurde erstmals 1993 im Verlag
Conran Octopus Limited, London, veröffentlicht

Druck und Bindung: New Interlitho, Mailand
Printed in Italy

ISBN 3-88472-391-X

SEITE 1 *Hosta fortunei* ›Albopicta‹, Stiefmütterchen und *H. sieboldiana* var. *elegans* (von links nach rechts)

SEITE 2 *Tulipa sprengeri* (links), *Rodgersia podophylla* (rechts) und *Helleborus orientalis* (Vordergrund, rechts)

RECHTS Zarte Farne, Akanthusähren in Mauve und Weiß und ein Büschel des Schlangenbarts *Ophiopogon planiscapus* ›Nigrescens‹ mit seinem schwärzlichen Laub vereinigen sich im Streuschatten einer Baumkrone zu einer harmonischen Pflanzgruppe.

INHALT

DER REIZ SCHATTIGER GÄRTEN

So manchen Gärtner schreckt vielleicht die Vorstellung, Pflanzen im Schatten zu ziehen, weil er bisher nur schlechte Erfahrungen mit schattigen Bereichen gemacht hat, so zum Beispiel mit dem tiefen Schatten unter einem alles beherrschenden Baum, der nur noch Immergrün und höchstens einen armseligen Farn gedeihen läßt. Dieses Buch möchte Ihnen deshalb zeigen, wieviel Freude das Gärtnern im Schatten bereiten kann, und Ihnen die Vielfalt schattenliebender Pflanzen vor Augen führen, die zwar nicht immer spektakuläre Blüten besitzen, dafür aber durch Eleganz, Charme und zarte oder auch bizarre Linien bestechen – Qualitäten, die den Reiz farbenprächtiger Blumenrabatten überdauern.

Diese Pflanzgruppe veranschaulicht besonders gut, was der schattige Garten zu bieten hat: eine Harmonie kühler, frischer Töne, schönes Laub und Blüten, die zur näheren Betrachtung einladen. Die Trichter des Straußenfarns *(Matteuccia struthiopteris)* formen einen sanften Bogen über den handförmigen, gezackten Blättern der Sterndolde *Astrantia major,* deren grünlich-weiße, an Nadelkissen erinnernde Blüten über dem Farn und dem zitronengelben Blütenschleier von *Alchemilla mollis* zu schweben scheinen.

Natürlich können bestimmte Schattentypen wirkliche Probleme mit sich bringen. Das folgende Kapitel »Schatten ist nicht gleich Schatten« greift einige davon auf und bietet Lösungsvorschläge an. Nicht zufällig jedoch räumt dieses Buch dem problematischen »Dauerschatten« nur einen Kapitelabschnitt ein, während es im übrigen von den unerschöpflichen Möglichkeiten handelt, die schattige Bereiche bieten.

Vielleicht geht es Ihnen wie mir, und Sie erinnern sich an einen romantischen, zugewucherten Garten aus Ihrer Kindheit? Ich denke dabei besonders gerne an die schattige Kühle unter den Kirschbäumen. Als ich selbst mit dem Gärtnern begann, wußte ich nur wenig über Pflanzen, die im Schatten gedeihen – Silberblatt und Farne waren die einzigen, an die ich mich erinnern konnte. Mit dem Ziel eines eigenen Gartens vor Augen las ich Gartenbücher und erweiterte mein Wissen durch Besuche in fremden Gärten. Dabei entdeckte ich nach und nach die Vielfalt an Pflanzen, die im Schatten, und dies selbst im grau verhangenen Großbritannien, gut gedeihen. Als ich nach ein paar Jahren plötzlich über ein knapp hektargroßes Grundstück verfügen konnte, hatte ich das Glück, mit der vorhandenen Oberflächenstruktur bereits eine Auswahl an sonnigen und schattigen Plätzen vorzufinden. Außerdem hatte die Natur mit Bedacht einige Weißbirken und verwilderte Rotdornbäume auf die Uferbänke gesetzt und so für lebendiges Licht- und Schattenspiel gesorgt.

Das Grundstück war in vielerlei Hinsicht problematisch – insbesondere fehlte es an brauchbarem Oberbo-

RECHTS In einer zwanglosen, eng verwobenen Pflanzgruppe, wie sie für den schattigen Garten charakteristisch ist, heben sich die rosafarbenen Medaillonblüten der *Dicentra formosa* gegen ihr farnartiges, blaugrünes Laub ab, das wiederum einen reizvollen Kontrast zu den Blättern der Nieswurz und den weichen, goldgrünen Blattschwertern und duftigen, grünlich-gelben Rispen des Flattergrases *Milium effusum* ›Aureum‹ bildet.

SEITE 9 Ein mit vielen cremefarbenen Deckblättern geschmückter Ast des Blumenhartriegels, *Cornus florida,* wölbt sich in dieser idyllischen Waldumgebung über eine Azalee. Zwei wuchernde Stauden, die Taubnessel *Lamium galeobdolon* ›Florentinum‹ mit ihren silbrig gefleckten Blättern sowie der Waldmeister, *Galium odoratum* (syn. *Asperula odorata*), überziehen den humosen Boden mit einem dichten Teppich.

RECHTS Die Schachbrettblume *Fritillaria pallidiflora* ist besonders geeignet für den schattigen Garten, und auf nährstoffreichem, humosem Boden in lichtem oder durchbrochenem Schatten einfach zu kultivieren.

RECHTS Die zarte Tönung des jungen Austriebs der Elfenblume *Epimedium grandiflorum* wird durch die kleinen, weißen Härchen an den Blatträndern hervorgehoben; die langgespornten Blüten am Ende drahtartiger Stengel scheinen in der Luft zu schweben.

den –, aber andererseits barg es auch ungeahnte Möglichkeiten. So gab es einen Bach mit hohen, sanft abfallenden, absonnigen Uferbänken, die sich für kräftiges Blattwerk eigneten, eine hohe schattige Wand bei einem Wasserfall und eine Menge Sandstein für den Bau von Stützmauern – geeignete Plätze für das Pflanzen kleiner Kostbarkeiten waren somit schnell geschaffen. Auf den folgenden Seiten beschreibe ich, was ich zur Verbesserung des völlig unzureichenden Bodens unternahm, und teile mit Ihnen die Erfahrungen, die ich z. B. im Umgang mit dichtem, trockenem Schatten und einem gänzlich unbesonnten, von eisig schneidenden Winden heimgesuchten Winkel gewann.

Während ich mich bei diesen neuen Aufgaben bald ganz in meinem Element fühlte, erinnerte ich mich an meine Besuche in anderen Gärten, an das friedliche Bild großzügig angelegter Pflanzungen aus Funkien und Frauenmantel, die flüchtige Schönheit der Pfingstrosen und die zierlichen Medaillons des Tränenden Herzens. Obwohl ich noch recht wenig von den kleinen Gewächsen des schattigen Gartens wußte, die aus nächster Nähe betrachtet werden wollen, begann sich schon damals abzuzeichnen, was aus mir werden sollte: eine leidenschaftliche »Schattengärtnerin«.

In diesem Buch zeige ich Ihnen eine Auswahl der besten schattenliebenden Pflanzen und gebe Ihnen praktische Tips für ihre Kultivierung sowie Anregungen zu wirkungsvollen Kombinationen. Vor allem aber liegt mir daran, die Freude zu vermitteln, die das Gärtnern im Schatten bereitet, und Ihnen die besonderen Qualitäten schattenliebender Gewächse nahezubringen. Nur wer seine Finger schon einmal durch die steifen, metallisch glänzenden Fiedern eines Ilexfarns und im Kontrast dazu durch die weich gefiederten Wedel eines Schildfarns streichen ließ oder in das kompliziert aufgebaute, gesprenkelte Innere einer Krötenlilie geblickt hat, vom witzigen, an ein Mäuschen erinnernden Aussehen des kleinen *Arisarum proboscideum* erheitert oder von der graziösen Würde einer Forellenlilie in Staunen versetzt wurde oder aber sich vom altmodischen Charme einer gefüllten Primel nostalgisch stimmen ließ, kann den Reiz der Schattengärtnerei wirklich begreifen. Der schattige Garten begeistert uns aber nicht nur mit diesen kleinen Freuden, sondern auch mit Effekten im großen Stil. Das Anlegen eines Gartens sei, so hat einmal jemand gesagt, wie das Malen wunderschöner Bilder mit Pflanzen. In einem Schattengarten wird die Schönheit der Pflanzen noch durch das Licht- und Schattenspiel erhöht, das mit dem Lauf der Sonne, dem Wandel der Jahreszeiten und dem wechselnden Wind einer ständigen Veränderung unterworfen ist. Wen der schattige Garten mit diesen Eigenheiten erst einmal in seinen Bann gezogen hat, der wird nie wieder den Wunsch nach einem Garten ohne Schatten hegen.

LINKS In dieser halbschattigen Rabatte sind kontrastierende Blattformen effektvoll kombiniert: Im Vordergrund sieht man *Hosta sieboldiana* neben einem Farn mit gegabelten Wedelspitzen, dahinter weitere Funkien und Farne, *Alchemilla mollis* und eine Hortensie mit flachen, weißen Blütendolden im Knospenstadium. Im Hintergrund betont das einfallende Licht die Umrisse der gelben, langröhrigen Blüten einer *Phygelius* und bricht sich auf den Blattschwertern der Taglilie (*Hemerocallis*). Die Königslilie, *Lilium regale*, setzt weiße Tupfer und taucht die Rabatte in ihren betörenden Duft.

LINKS Dieses zarte Frühlingsarrangement umfaßt *Corydalis lutea* und Vergißmeinnicht (links im Bild) sowie die Frühlingsplatterbse *(Lathyrus vernus)* mit ihren leuchtendmagentaroten Schmetterlingsblüten (rechts im Bild). Der Schildfarn *(Polystichum setiferum)* im Hintergrund ist im Frühling nicht in Bestform, seine neuen Wedel entfalten sich erst im Anschluß an die Blüte dieser Frühlingsblumen.

Schatten ist nicht gleich Schatten

Ein schattiger Garten ist mehr als nur ein Garten ohne Sonne. Es gibt eine Vielzahl unterschiedlicher Schattenarten, deren Auswirkung auf Pflanzen von so vielen anderen Faktoren beeinflußt wird, daß sie sich nur schwer exakt erfassen läßt. Gartenkataloge meiden daher dieses Thema oft oder führen – grob vereinfachend – neben Sonne lediglich zwei Kategorien auf: Vollschatten und Halbschatten. Wenn Sie aber bei der Bepflanzung Ihres Gartens keine Fehler machen und sein »Schattenpotential« voll nutzen wollen, ist es wichtig, daß Sie genau wissen, mit welcher Art von Schatten Sie es zu tun haben.

Zum Reiz eines schattigen Gartens gehört das Licht- und Schattenspiel auf den Pflanzen, das durch den Wind und den Wechsel der Jahreszeiten einer ständigen Veränderung unterliegt. Hier wurde eine *Clematis alpina* mit ihren violettblau leuchtenden, laternenförmigen Blüten effektvoll zwischen weiße, von Sonnenstrahlen goldgefleckte Azaleen gepflanzt.

Die verschiedenen Schattenarten

UNTEN Durch Hauswände können ganz unterschiedliche Lebensräume für Pflanzen entstehen. Sehr günstig wirkt sich Schatten während einer Tageshälfte aus. Farne, Funkien und *Euphorbia wulfenii* sind unter den schattenverträglichen Blattpflanzen dieser Rabatte, die im Sommer durch die Blüten von Lilien und weißem Baldrian belebt wird. Blühende Kletterpflanzen (eine weiße Rose und der Geißklee *Cytisus battandieri)* profitieren vom Sonnenlicht im oberen Teil der Hauswand.

Man unterscheidet drei Grundarten – Vollschatten, Halbschatten und lichten oder durchbrochenen Schatten. Jede von ihnen umfaßt je nach Art und Höhe vorhandener Pflanzungen und eingrenzender Mauern und Gebäude eine Vielzahl von Nuancen. Zudem spielen Wind, Luftfeuchtigkeit und Bodenbeschaffenheit eine wichtige Rolle.

Vollschatten

Beim Vollschatten lassen sich mindestens drei grundlegende Formen unterscheiden: der sanfte Schatten auf der Nordseite von Hecken, Mauern oder Gebäuden; der weder durch Sonnenlicht noch durch einen Luftzug gemilderte naßkalte Schatten und schließlich der tiefe, undurchdringliche und oft trockene Schatten unter einer dichtbelaubten Baumkrone, der das ganze Jahr über dauern kann, wie etwa unter einer alten Eibe oder Steineiche, oder aber nur den Sommer über, wie unter Buchen oder Bergahornen. Schattige Flächen unter Treppen und Balkonen sind, wie ähnliche Bereiche unter dichten Baumkronen, oft nicht nur zu dunkel, sondern auch zu trocken, um dort langfristig erfolgreich etwas anpflanzen zu können.

Halbschatten

Halbschatten bedeutet, daß die Sonne etwa einen halben Tag scheint. Dabei spielt es für die Pflanzen eine große Rolle, ob es sich um Morgen- oder Nachmittagssonne oder aber um ein Wechselspiel von Sonne und Schatten über den ganzen Tag hinweg handelt. Schatten am Vormittag und Sonne am Nachmittag setzt schattenliebenden Pflanzen sehr zu, da die Sonneneinstrahlung höher und die Feuchtigkeit geringer ist als morgens. Schatten am Nachmittag ist dem Wachstum eher zuträglich, und ein Wechselbad aus Sonne und Schatten bekommt im allgemeinen jeder Pflanze.

Halbschatten kann wiederum durch eine Mauer, einen Zaun, ein Gebäude oder eine Baumkrone entstehen. Im Schatten einer Mauer sind Pflanzen zusätzlich der von ihr gespeicherten Wärme ausgesetzt. Für Schattenpflanzen kann das zum Problem werden, zumal der Boden am Fuß einer Mauer gewöhnlich recht trocken ist. Durch Bäume bedingter Halbschatten ist daher dem Mauerschatten vorzuziehen. Gelingt es jedoch, für genügend Luftfeuchtigkeit im Schatten einer Mauer zu sorgen, erhält man hier eines der wertvollsten Gartenhabitate, den winterwarmen Schatten.

SEITE 15 Ein alter Obstbaum spendet den zu seinen Füßen wachsenden Pflanzen freundlichen Streuschatten. Rosafarbene und weiße *Hyacinthoides hispanica* (syn. *Scilla hispanica*) hat sich zwischen rosablühendem Heidekraut und einer flachen Zwergmispel einen Platz erobert. In dem von einem Mäuerchen eingefaßten Beet bilden ihre zarten Blütenfarben einen freundlichen Kontrast zur dunkelgefurchten Baumrinde und dem schattigen grauen Weg.

Lichter oder durchbrochener Schatten

Die günstigsten Schattenarten findet man sicherlich im Bereich von Laubbäumen mit hoch ansetzenden Ästen (lichter Schatten) oder von solchen mit lichter Krone und kleinen Blättern (durchbrochener Schatten, Streuschatten). Bäume mit hoch ansetzenden Ästen bergen allerdings die Gefahr, daß schattenliebende Pflanzen während der Mittagszeit dem Sonnenlicht voll ausgesetzt sind und zartes Blattwerk an heißen Tagen in kurzer Zeit verdorren kann. Viele Pflanzen gedeihen auch im leichten Schatten der sonnenabgewandten Seite einer niedrigen Mauer oder eines flachen Gebäudes. Ebenfalls günstig ist der Schatten etwas entfernt stehender Bäume oder Gebäude, insbesondere dann, wenn er während der Mittagshitze fällt.

Bedenken Sie stets, daß Pflanzen in ihrer Reaktion auf Licht und Schatten durch den Feuchtigkeitsgehalt der Luft beeinflußt werden: Je feuchter die Luft, desto mehr Sonne verträgt selbst eine schattenliebende Pflanze. Wind vermindert die Luftfeuchtigkeit. Wenn Ihr Garten also sehr offen gelegen ist, benötigen Sie für Ihre kostbaren Gewächse mehr Schatten als Ihr Nachbar, dessen Garten windgeschützt zwischen Bäumen und Hecken liegt. In einer Region mit vielen wolkenlosen Sonnentagen und wenig Niederschlag brauchen Ihre Pflanzen natürlich mehr Beschattung als in einem kühlen, feuchten Klima mit häufig bewölktem Himmel. Für Pflanzen in heißen Zonen bedeutet lichter oder durchbrochener Schatten praktisch volle Sonne.

Das Wachstum von Pflanzen wird ferner durch die Bodenbeschaffenheit beeinflußt. Die meisten schattenliebenden Gewächse gedeihen am besten in neutralen bis leicht sauren Böden; ein paar unter ihnen, namentlich so gut wie alle Arten der großen Familie der *Ericaceae,* brauchen eindeutig sauren Boden. Bei einem pH-Wert von 5,5 gedeihen Alpenrosen und Azaleen, und Hortensien treiben ohne Ihr Zutun blaue Blüten. Wenn Sie Ihren Garten zwischen bereits vorhandenen Bäumen anlegen, sollte es Ihnen eigentlich nicht schwerfallen, den Bodentyp Ihres Grundstücks anhand der vorherrschenden Bäume richtig einzuschätzen. Ulmen, Eschen und Falsche Akazien (Robinien) zeigen im allgemeinen alkalische Böden an. Eichen, Ebereschen, bestimmte Ahornarten, Birken und Koniferen wachsen dagegen gewöhnlich auf saurem Boden. Erwachsene Koniferen werfen gleich immergrünen Laubgehölzen, wie z. B. Lorbeerkirsche, das ganze Jahr über einen dichten Schatten, es sei denn, man entfernt einen beträchtlichen Teil des unteren Geästes. Auf den Seiten 24 bis 26 finden Sie Ratschläge zur Bodenverbesserung; denn die wenigsten Gärten sind mit einem idealen Schattenboden gesegnet, wie man ihn etwa unter einer Gruppe von älteren Eichen finden mag.

Schützender Schatten

Wer eine möglichst breite Palette an schattenliebenden Pflanzen kultivieren möchte, wird bemüht sein, unterschiedliche Bedingungen für Schattenpflanzen zu schaffen und sowohl Flächen mit lichtem Schatten und Streuschatten als auch solche mit kühlem Boden und stets feuchter Luft sowie geschützte Plätze mit warmem Schatten anzulegen. Um geschützte Areale zu erhalten, können Containerpflanzen und aufgespannte Sackleinwände anfänglich gute Dienste leisten. Waldatmosphäre – wenn auch nur im Kleinformat – vermögen schon ein oder zwei Gartenbäume zu schaffen, sofern Bodenbeschaffenheit und Baumkrone stimmen und für ausreichend Schutz gesorgt ist.

Solange die Bäume noch sehr klein sind, sollte man

jede günstige Lage, selbst kleine Flecken im Schatten eines Felsens oder Busches, nutzen, um dort Schattengewächse anzusiedeln. Außerdem kann man nach dem Vorbild tropischer Gärten ein Lattenhaus bauen, um die Schattenpflanzen in Beeten oder Töpfen unterzubringen (siehe Seite 96). In Karatschi zum Beispiel, einer Stadt mit Wüstenklima, habe ich viele Häuser gesehen, bei denen Lattenverschläge das Wohngebäude auf reizvolle Weise erweitern und in der Hitze einen angenehmen Aufenthaltsort zwischen Farnen und üppigem Blattwerk bieten.

Sollte sich Ihr Garten nicht für eine solche Dauerkonstruktion eignen, können Sie Ihre Pflanzen zumindest zeitweilig beschatten, indem sie auf Stellwände aus Flechtwerk, Lattenzäune aus Kastanienholz oder im Gartenhandel erhältliche Wind- und Sonnenschutzvor-

Seite 16 LINKS Ein kleiner Hain aus *Corylus maxima* ›Purpurea‹ bildet ein lichtes Sommerdach über dem gelben Scheinmohn *Meconopsis cambrica*, Farnen und Wiesenkerbel. Die naturnahe Bepflanzung kontrastiert mit der Strenge der quadratischen, im Rautenmuster in den Kies gelegten Platten.

SEITE 16 RECHTS Den Pfad aus grauen Granitquadern säumen sorgfältig ausgewählte Blattpflanzen: Fein gefiederte Farnwedel und breite, feste Blätter von reingrünen und weiß panaschierten Funkien (*Hosta ventricosa* und *H.* ›Thomas Hogg‹) sind klassische Komponenten schattiger Pflanzareale. Hier werden sie durch das kräftige Blattwerk einer *Hydrangea quercifolia* und anmutige Bambusarten ergänzt. Moospolster und Bubiköpfchen (*Soleirolia soleirolii*) bedecken den Boden und schützen vor Unkraut.

richtungen aus synthetischem Gewebe zurückgreifen. Auf diese Weise läßt sich selbst in einem neu angelegten, offenen Garten eine ganze Reihe verschiedener Schattenpflanzen ziehen. Der gleichmäßige Schatten, der während eines bestimmten Tagesabschnitts von einer künstlichen Vorrichtung geworfen wird, entspricht zwar nicht dem reizvollen Wechselspiel aus Licht und Schatten, das eine natürliche Baumkrone bewirkt. Doch dafür können Ihre schattenliebenden Pflanzen heranwachsen, ohne der Konkurrenz eines älteren Baums ausgesetzt zu sein.

Schnellwachsende Sträucher wie Ginster und Sommerflieder können zwischen die langsamer wachsenden, mit Blick auf das langfristige Arrangement gepflanzten Sträucher gesetzt werden, um in den ersten Jahren für Schatten zu sorgen (siehe im Kapitel »Die Grundstruktur des schattigen Gartens«). Sie neigen jedoch naturgemäß dazu, langsamer wachsende oder kleinere Pflanzen zu verdrängen. Man sollte sich deshalb nicht scheuen, die Gartenschere konsequent einzusetzen, diese raschwüchsigen Sträucher lediglich als eine Übergangslösung betrachten und wieder entfernen, sobald sich die Dauerbepflanzung aus Sträuchern und Bäumen verdichtet und sich ein schützendes Blätterdach zu bilden beginnt.

Bei einer solchen Vielfalt an möglichen Lebensräumen – und es ist bemerkenswert, was selbst in einem kleinen Garten erreicht werden kann – verliert die strahlende Farbenpracht konventioneller Blumenbeete und Rabattenanlagen gegenüber den herrlichen Blättern und der zarten Schönheit von Waldpflanzen schnell an Reiz.

OBEN Ein strenger, relativ sparsam begrünter Innenhof mit gestutzten Buchsbaumhecken, geharkten Kiesflächen und einem gepflasterten Weg. Einzelne schmückende Elemente – eine Hortensie oder eine Gruppe *Euphorbia wulfenii* – sind für den Gesamteindruck weniger wichtig als die Licht- und Schatteneffekte und der Sonnenschutz durch die hochstämmigen Bäume.

Dauerschatten

Ein noch völlig leeres Gartengrundstück hat den Vorteil, daß man eine ideale Kombination schattiger und sonniger Areale anstreben kann. Viele Gärten sind jedoch auf die eine oder andere Weise weit vom Ideal entfernt. So stellt der vorgefundene Schattenbereich vielleicht eher ein Problem als eine Chance dar, und es bedarf einiger Phantasie, um zu erkennen, daß er sich trotzdem gärtnerisch gestalten läßt. Halten Sie nach den Vorzügen Ausschau: Vielleicht besitzt Ihr lichtraubender Baum einen schön gewachsenen Stamm mit einer hübschen Borke oder eindrucksvollen Verstrebungen am Fuß. Es lohnt sich, solche Merkmale hervorzuheben und Anpflanzungen auf die Peripherie zu beschränken, wo die Lichtverhältnisse besser sind. Entscheiden Sie sich dennoch für das Pflanzen in diesem Bereich, so werden Sie bald merken, daß tiefer Schatten auf trockenem, wurzligem Boden und naßkalter oder zugiger Schatten besonders problematisch sind.

Bei tiefem Dauerschatten durch immergrüne oder dichtbelaubte sommergrüne Bäume, die zu groß sind, als daß man die unteren Äste einfach absägen könnte, empfiehlt es sich, im Bereich der Kronentraufe eine dicke Lage aus Rindenmulch oder hellem, grobem Sand auszustreuen. Sammeln Sie herabfallende Blätter auf, oder harken Sie sie zusammen, um den Baum ganz für sich wirken zu lassen. Wem das zu kahl ist, der kann auch ausprobieren, ob das durch den hellen Sand reflektierte zusätzliche Licht ausreicht, um hier zumindest zeitweilig Containerpflanzen aufzustellen. Bei den ersten Anzeichen von Lichtmangel sollte man sie jedoch an einen Ort schaffen, an dem sie sich erholen können. Denken Sie außerdem daran, daß diese Pflanzen durch das dichte Baumdach auch nicht mehr Wasser abbekommen als zuvor der Boden.

Eine solche Lösung mag Optimisten, die entschlossen sind, selbst unter ungünstigsten Bedingungen zu pflanzen, wie ein vorschnelles Aufgeben erscheinen. Natürlich bestehen sehr viel mehr Möglichkeiten, den Schattenbereich unter einem sommergrünen Baum zu gestalten, der nur im belaubten Zustand einen tiefen Schatten wirft, im Winter und in der ersten Frühlingshälfte jedoch licht- und regendurchlässig ist.

Bevor Sie versuchen, unter einem Baum zu pflanzen, sollten Sie den Boden mit einem Spaten daraufhin untersuchen, wie wurzlig er ist. Die robustesten unter den Schattenpflanzen überleben selbst dann, wenn man nur Löcher zwischen den Hauptwurzeln des Baums aushebt und die Pflanzen in optimal zusammengesetzter, humusreicher Schattenerde hineinsetzt (Seite 26). Man sollte dabei möglichst keine großen Wurzeln durchtrennen. Achten Sie auch darauf, Ihre Schattenpflanzen gut einzuschlämmen, während der trockenen Monate feucht zu halten und im Frühling zu düngen.

Pflanzen, die unter solchen Bedingungen gut gedeihen sollten, sind der in Irland heimische Efeu *Hedera hibernica* (ein großblättriger, nichtkletternder Bodendecker), das immergrüne Wolfsmilchgewächs *Euphorbia amygdaloides* var. *robbiae*, Immergrün *(Vinca)* und auf sauren Böden *Pachysandra terminalis* und die Scheinbeere *Gaultheria shallon*. Bei Wolfsmilchgewächsen fördert das Entfernen der abgeblühten Stengel einen dichten Wuchs.

Zu den Farnen, die zeitweilige Trockenheit vertragen und es überdies auch auf schattigem, wurzligem Boden aushalten, gehören der Wurmfarn *Dryopteris filix-mas*, der winterfeste Rippenfarn *Blechnum spicant* sowie der Engelsüß oder Tüpfelfarn genannte *Polypodium vulgare*. Sowohl der Tüpfel- als auch der Rippenfarn sind zudem, außer in Regionen mit sehr strengem Frost, immergrün.

SEITE 19 In diesem kleinen Hof wird die Pflanzenauswahl durch den Schatten und die gierigen Wurzeln eines hochgewachsenen Eukalyptusbaumes stark eingeengt. Schwertfarne und zwei Baumfarne setzen ein mildes Klima voraus. Ein dunkel belaubter Efeu bedeckt den Boden und klettert zögernd den Eukalyptusstamm hinauf. Rosen und andere blühende Pflanzen eignen sich nur für Stellen, an denen mehr Licht eindringt. Der Boden wurde mit einer Schicht aus Lauberde überzogen, damit Farn und Efeu besser gedeihen.

Das Pflanzen unter einem großen Baum

Ist der Boden so wurzlig, daß man nicht graben kann, bedecke man die Wurzeln in einiger Entfernung vom Stamm mit einer laubhaltigen, lockeren Bodenmischung (Seite 26). Die Schicht sollte mindestens 15 bis 20 cm dick sein. Im Sommer muß auf jeden Fall gewässert werden. Außerdem empfiehlt es sich, im Frühling zu düngen und den Boden ganzjährig mit nährstoffreichen organischen Substanzen zu mulchen. Der Baum wird zwar ein gut Teil der zugeführten Nährstoffe für sich beanspruchen, doch gedeihen Ihre Schattenpflanzen auch gut mit den Überresten.

LINKS Diese Pflanzgruppe wirkt besonders im Winter, wenn (von links nach rechts) *Helleborus foetidus* blüht, das elegante immergrüne Laub von *Danaë racemosa* zur Geltung kommt, *Iris foetidissima* ihre leuchtendroten Samen trägt und *Polypodium vulgare* und *Cyclamen hederifolium* belaubt sind.

BAUMUNTERPFLANZUNG

Gewächse mit beständigem, immergrünem Blattwerk

Danaë racemosa: (Alexandrinischer Lorbeer): gebogene Zweige und glänzende, schmale Blätter.
Daphne pontica: glänzendes Laub; duftende, lindgrüne Blüten im Mai.
Helleborus foetidus: grüne Blüten an spitz zulaufenden Stengeln im Frühjahr.
Iris foetidissima: lanzettliche Blätter, orangefarbene Samen im Herbst und Winter.

Farne

Dryopteris filix-mas (Wurmfarn): robust und unkompliziert.
Polypodium vulgare (Engelsüß oder Tüpfelfarn): verträgt zeitweilige Trockenheit, bei regelmäßiger Wässerung jedoch üppigerer Wuchs.
Polystichum setiferum (Schildfarn): reagiert empfindlich auf Trockenheit im Frühjahr.

Knollenpflanzen und Bodendecker

Cyclamen hederifolium: wächst bis an Baumstämme heran, rosa Blüten im Herbst.
Eranthis hyemalis (Winterling): gelbe Blüten im zeitigen Frühjahr.
Omphalodes cappadocica: blaue, vergißmeinnichtähnliche Blüten im Frühling.

Nasser, zugiger Schatten

Diese Art von Schatten ist wahrscheinlich noch problematischer als der Schatten unter einem übermächtigen Baum. Besonders im Winter und in der ersten Frühlingshälfte geht oft ein schneidender Wind und setzt allen Pflanzen mit Ausnahme ganz zäher immergrüner Exemplare sehr zu. Sommergrüne Sträucher sind gerade jetzt, wo der Wind bitterkalt ist und Schutz am nötigsten wäre, unbelaubt und können kaum etwas gegen ihn ausrichten. Wer solche Gehölze wegen ihrer Blüten pflanzt, sollte außerdem bedenken, daß sie an diesen dunklen Stellen nicht so gut gedeihen, wie das bei besseren Lichtverhältnissen der Fall wäre.

Auch hier bleibt die Möglichkeit, überhaupt nicht zu pflanzen, sondern lediglich mit Sand, Kieseln oder Platten zu arbeiten. Denken Sie einmal über eine Lösung ohne Pflanzen nach. Vielleicht eröffnen sich gerade dadurch Wege, das Areal pflanzenfreundlicher zu machen. Unter Umständen gelingt es, mit Hilfe von Spiegeln, einer weißgekalkten Mauer, oder auch nur einer möglichst hellen Bodenabdeckung aus Platten oder Sand, reflektiertes Licht hineinzubringen. Vielleicht schaffen Sie es ja auch, den kalten Wind zu bremsen, ohne dadurch noch mehr Licht wegzunehmen.

Bei saurem Boden kann man es mit robusten, winterharten Rhododendronhybriden versuchen, wie *Rhododendron* »Jacksonii« in Rosarot, »Caucasicum Pictum« in Zartrosa oder »Cunningham's White«. Selbst auf den weniger beliebten *R. ponticum* greift man hier, wo sonst fast nichts wächst, gerne zurück. Wer etwas gegen das Rosa seiner Blüten hat, sollte es mit dem hellvioletten *R. catawbiense* probieren. Auch die niedrigere Scheinbeere (*Gaultheria shallon*) breitet sich schnell aus und gedeiht im tiefsten Schatten, allerdings blüht sie an dunklen Plätzen weniger üppig.

Der äußerst widerstandsfähigen *Lonicera pileata* und der *Mahonia aquifolium* ist jeder Boden recht. Der Mäusedorn, *Ruscus aculeatus*, besitzt zwar weniger Charme als die verwandte *Danaë racemosa*, doch ist er dafür um so anspruchsloser und außerdem stachlig genug, um unerwünschte Besucher fernzuhalten. Der immergrüne Schneeball *Viburnum davidii* hat kräftige, tief geäderte, glänzendgrüne Blätter und eignet sich als Bodendecker ebenso gut wie Immergrün (*Vinca major* und die zierlichere Form *Vinca minor*) oder der kriechende Spindelstrauch *Euonymus fortunei*, der an einer Wand oder einem Baumstamm auch klettert.

Laubabwerfende Sträucher wie z. B. Hartriegel (*Cornus alba* und *C. stolonifera*), *Kerria japonica*, *Viburnum opulus*, der Gemeine Schneeball, und seine sterile Form »Roseum« mit den eigentlichen gefüllten Schneeballblüten, die schneeweiß und im Verblühen rosa sind, und selbst Hortensien wie die *Hydrangea-paniculata*-Sorten sind robust und wenig kälteempfindlich. Tun Sie Ihr Bestes, um den Boden zu verbessern, und die Pflanzen werden Ihnen die Kälte und den Mangel an Licht nachsehen.

Die nichtverholzenden Stauden erweitern das Spektrum der Möglichkeiten. Viele Bergenien gedeihen selbst unter den widrigsten Bedingungen, und ihre kräftige, immergrüne Belaubung paßt gut zu Platten- oder Kopfsteinflächen. Die cremeweißen, gänseblümchenähnlichen Blüten des *Tanacetum macrophyllum* (syn. *Chrysanthemum macrophyllum*) sind zwar nicht besonders edel, doch dafür ist diese großwüchsige, sommerblühende Staude äußerst genügsam. Etwas mehr Licht braucht die Waldglockenblume (*Campanula latifolia*). Sie trägt im Sommer eine Fülle lilafarbener Glöckchen. Wenn widerstandsfähige Pflanzen wie diese gedeihen, probieren Sie weiter. Einigen Pflanzen kann man mehr zumuten, als man glaubt.

Geräte und Hilfsmittel für den Gehölzschnitt

- Die Grundausrüstung sollte aus einer hochwertigen Gartenschere mit ziehendem Schnitt, einer zusammenklappbaren Handsäge, einer Heckenschere und einer Plastikfolie oder einem alten Leintuch zum Auffangen der herabfallenden Pflanzenteile bestehen.
- Hohe Äste, an die man mit Säge oder Schere nicht herankommt, erfordern eine Leiter. Unter Umständen ist auch eine Säge von Nutzen, die an einer Stange befestigt ist, oder eine ebensolche Gartenschere, die dann mittels einer Zugleine betätigt wird (in der Handhabung nicht ganz einfach).
- Zweige können mit einer scharfen Gartenschere sauber abgetrennt werden, bei kleineren Äste dagegen empfiehlt sich eine Säge. Dickere Äste sollte man zunächst von unten ansägen, um beim Herunterfallen des Astes ein Einreißen der Rinde zu vermeiden.

Das Auslichten

Jedem kreativen Gehölzschnitt geht zunächst die eingehende Betrachtung des Baums und die Überlegung voraus, was man mit dem Schnitt bezwecken möchte. Bei älteren Bäumen geht es meist darum, das Gewirr zu vieler schwacher und sich kreuzender Zweige auszulichten oder zu tief am Stamm sitzende Äste zu entfernen.

Erfolgt der Schnitt im Sommer, wenn der Baum belaubt ist, so fällt es nicht so schwer, sich seine neue Form vorzustellen. Im Winter dagegen benötigen Sie dafür all Ihre Phantasie und Ihr Erinnerungsvermögen.

Der Ast vor dem Schnitt: Störende Triebe und sich kreuzende Zweige, die entfernt werden sollen, sind markiert.

Ein Großteil der störenden Triebe und Zweige und einer der beiden sich kreuzenden Äste wurden entfernt.

Das Endergebnis kann bei einem Baum mit weniger und stämmigeren Ästen wie Magnolia × soulangiana *noch kahler ausfallen.*

LINKS Selbst mit nassem, zugigem Schatten werden robuste Stauden wie Bergenien, Hirschzungenfarn (*Phyllitis scolopendrium* syn. *Asplenium scolopendrium*) und Akanthus fertig, deren Kombination in dieser Pflanzgruppe um den Fuß eines behauenen Steines ein wirkungsvolles Nebeneinander unterschiedlicher Blattformen und Grüntöne ergibt.

Wie Sträucher zu Bäumen werden

So manch großer Strauch läßt sich in ein Kronenbäumchen verwandeln, wenn man nur eine oder auch zwei, drei Hauptachsen stehenläßt. Prüfen Sie alle Ihre großen Sträucher einmal daraufhin, ob sich nicht in dem einen oder anderen ein Baum verbirgt, der nur auf seine Befreiung wartet. Wo dies der Fall ist, läßt sich neues Schattenareal gewinnen, das nach einer Bodenverbesserung mit edlen Schattengewächsen bepflanzt werden kann. Eine solche Behandlung kommt bei Flieder, Lorbeer, einigen Schneeballarten und vielleicht sogar bei einem *Rhododendron* oder Wacholder in Frage.

Achten Sie darauf, daß oberhalb der Stämme ein möglichst breites, dachartiges Astgerüst stehenbleibt. Um den Umriß nicht durch Stümpfe zu verunstalten, sollten Sie störende Äste ganz bis auf den Boden zurückschneiden oder zumindest so weit kürzen, daß sie seitlich nicht über den Stamm hinausragen.

Entwicklung des schattigen Gartens

UNTEN Ein Teppich aus Hasenglöckchen (*Hyacinthoides non-scripta*) bedeckt den Boden in dieser Lindenallee, unterbrochen nur von einem schmalen Trampelpfad, der sich durch den blauen Blütenrasen schlängelt. Da sich diese Zwiebelgewächse stark vermehren und dementsprechend rasch ausbreiten, sind sie für kleinere Gärten weniger geeignet.

Allen Bemühungen des Gärtners, positiven Einfluß auf Wachstum und Form seiner Bäume und Sträucher zu nehmen, zum Trotz – der Alterungsprozeß läßt sich nicht aufhalten, man kann ihn lediglich ein wenig steuern. In der freien Natur wächst das Blätterdach im Wald allmählich zu und wirft einen immer dichteren Schatten, die Pflanzen kümmern vor sich hin und gehen schließlich ein. Die Lebenserwartung von Bäumen ist wie die von Menschen individuell verschieden. So sieht der Gärtner Zierkirschen im Laufe seines Lebens verkümmern, während ihn seine Eichen weit überleben.

Falls Sie häufig den Wohnort wechseln, betrifft Sie dies weniger, außer Sie ziehen eines Tages in ein Haus mit einem stark eingewachsenen Garten. Wohnen Sie aber zehn oder zwanzig Jahre in ein und demselben Haus, werden Sie sich wundern, wie schnell der neu angelegte Garten zuwächst und die ersten Alterssymptome zeigt.

Stellen Sie sich also darauf ein, Ihren schattigen Garten von Zeit zu Zeit den veränderten Bedingungen anzupassen, einzelne Pflanzen zu versetzen, wenn der Schatten für ihre Bedürfnisse überhandnimmt oder – weil ein Ast abgebrochen oder ein Baum gefällt worden ist – nicht mehr ausreicht. Kaum eine Entscheidung, etwas anzupflanzen, ist unwiderruflich, denn es gibt, insbesondere unter den Waldgewächsen, nur wenige Pflanzen, die nicht auch in einem späteren Wachstumsstadium einen Standortwechsel unbeschadet überstehen.

In Ihrem selbstgestalteten Garten, in dem Sie auch die Schattendichte bis zu einem gewissen Grad bestimmen, können Sie Schattenpflanzen ganz nach Ihrem Geschmack und den besonderen Gegebenheiten Ihres Gartens aussuchen. In der freien Natur werden blühende Pflanzen im Laufe der Jahre, in denen der Wald ein immer dichteres Dach über ihnen bildet, nach und nach

OBEN Ein grüner Moosteppich bringt die weißen Blüten des Buschwindröschens (*Anemone nemorosa*) und den kahlen, nur am Fuß bemoosten Baumstamm effektvoll zur Geltung. Die Sträucher im Hintergrund vermögen die ruhige Klarheit dieses Frühlingsbildes nicht zu stören.

von Farnen und diese schließlich von einem Moosteppich verdrängt.

Moose und Farne

All jene Stellen im Schatten, die für blühende Pflanzen zu dunkel, aber dennoch ausreichend feucht sind, um Vegetation zu ermöglichen, bieten Lebensraum für bezaubernde Moose und Farne, die darüber hinaus vor schlichten Baumstämmen für belebende Akzente sorgen. Moose wachsen an solchen Plätzen ohne besonderes Zutun. Eine der häufigsten Gattungen ist das Astmoos *(Hypnum)*, von dem es über 100 verschiedene Arten gibt.

Im Pflanzenführer am Ende dieses Buches finden Sie eine Auswahl der schönsten Farne (Seite 112). Trichterartige Büschel bildende Farne wie der Schildfarn *Polystichum setiferum* sollten einzeln stehen, um voll zur Geltung zu kommen, und entstehende Nebentrichter deshalb immer gleich entfernt werden. Andere, wie z. B. der Eichenfarn (*Gymnocarpium dryopteris*) und der Buchenfarn (*Phegopteris connectilis*) haben duftige, zierliche Wedel und bilden mit ihren kriechenden Wurzelstöcken Kolonien.

Hellere Randbereiche können hier und dort durch Büschel frühblühender und schnell wieder einziehender Waldgewächse, wie z. B. Clintonien oder Buschwindröschen, belebt werden.

Aufbau und Verbesserung des Gartenbodens

Polystichum setiferum
Im viktorianischen England war das Sammeln von Farnen große Mode. Die Farnliebhaber gruben ungewöhnliche wildwachsende Formen einfach aus und pflanzten sie in spezielle Farnhäuser. Heute, wo man um den Schutz der Natur bemüht ist, wäre das undenkbar. Neben manchen Hirschzungenfarnen mit gerüschten Wedeln oder besonders bizarren Formen, die an Spitzenborten erinnern, wirkt dieser Farn vergleichsweise schlicht.

Robuste Schattenpflanzen wie Bergenien, *Aucuba japonica* und *Iris foetidissima* nehmen mit fast jedem Boden vorlieb, und bei einem Boden mittlerer Qualität, der mit organischer Substanz angereichert wurde, ist die Pflanzenauswahl bereits sehr viel größer. Doch viele schattenliebende Gewächse sind nun einmal im Wald heimisch und gedeihen daher am besten auf Waldboden. Sie werden besonders viel Freude an Ihrem schattigen Garten haben, wenn Sie durch einen lockeren, feuchten Boden mit hohem Laubanteil das ideale Milieu für Ihre Pflanzen schaffen.

Auf einem neuen Grundstück, das vorher nicht als Garten diente, kann man alle möglichen Varianten antreffen: von passablem, von der Baufirma aufgetragenem Mutterboden (der aber möglicherweise nur Scheußlichkeiten wie Schutt oder Zementbrocken zudeckt) bis hin zu nacktem Unterboden. In eingewachsenen Gärten kann der Boden – unabhängig vom vorhandenen Schatten – aus schnell austrocknendem, nährstoffarmem Sand, schwerem, im Winter nassem, im Sommer dagegen hartem und rissigem Ton, oder – wenn man Glück hat – aus lockerer, nährstoffreicher und gut drainierter Lehmerde bestehen. Aus jeder dieser Varianten läßt sich ein auf die Bedürfnisse von Schattenpflanzen abgestimmter Boden machen.

Ist Ihre Ausgangsbasis ein völlig ungeeigneter Unterboden, sollten Sie ihn auflockern, notfalls mit einer Spitzhacke. Ist dies nicht möglich, bauen Sie den Gartenboden eben darauf auf. So oder so müssen Sie sich das Kultursubstrat für Ihre Pflanzen selbst schaffen. Mein Untergrund bestand aus Überresten einer Kohlengrube, Schiefer und Fels, und doch gelang es mir, ohne großartig zu investieren, innerhalb von drei Jahren einen 15 cm dicken Mutterboden aufzubauen, der so locker war, daß ich die Pflanzlöcher mit einer Kelle oder gar mit den Händen ausheben konnte. Und bei dem Gelände handelte es sich immerhin um ein knapp hektargroßes Grundstück. Der Krumenaufbau erfolgte hauptsächlich durch Mulchen mit allen möglichen verfügbaren organischen Substanzen – Gartenkompost, vermodertem Adlerfarn und verrottetem Laub aus den umliegenden Wäldern, zerkleinerter Rinde, Sägemehl vom nahegelegenen Sägewerk, Mist vom Bauernhof, Kokosfaser, ausgedientem Kompost aus der Pilzzucht und selbst alter Blumenerde.

Es gibt vielerlei Möglichkeiten, ohne Kostenaufwand organisches Material zu bekommen, um eine ordentliche Schicht zukünftiger Schattenerde aufzubauen. Es ist erstaunlich, wie schnell man selbst in einem neu angelegten Garten genügend Unkraut und Rasenschnitt anhäufen kann, um daraus, zusammen mit Gemüseresten, Kehricht und anderen Haushaltsabfällen oder gar kleinen Mengen zerkleinerten Zeitungspapiers, einen Komposthaufen aufzusetzen.

Richtig behandelter Kompost sollte genügend Wärme entwickeln, um Unkrautsamen abzutöten. Wer dem nicht ganz traut, kann den Kompost aber auch statt zum Mulchen (was das Unkrautproblem unter Umständen noch verschlimmert, statt Abhilfe zu schaffen) lediglich zum Füllen von Pflanzlöchern verwenden, so daß er nicht direkt an der Oberfläche zu liegen kommt. Wer zwei Komposthaufen anlegt, kann es so einrichten, daß ihm einer immer fertig zur Verfügung steht, während sich der andere im Aufbau befindet.

Die Herstellung von Gartenkompost

Im Komposthaufen werden alle genannten Materialien schnell zu dunklen, krümeligen Nährstoffen für Ihre Pflanzen umgewandelt. Wollen Sie keinen richtigen Kompostplatz anlegen, so sind für kleinere Gärten die im Handel erhältlichen Kunststoffsilos relativ gut geeignet. Je schneller der Komposthaufen aufgehäuft wird, desto mehr Wärme sollte er produzieren. Halten Sie ihn die ganze Zeit mit Sacktuch oder alten Teppichresten bedeckt, damit die Wärme nicht entweichen und Regen nicht eindringen kann. Nach ein paar Monaten sollten die äußeren Schichten nach innen umgesetzt werden, um eine gleichmäßige Verrottung zu erzielen.

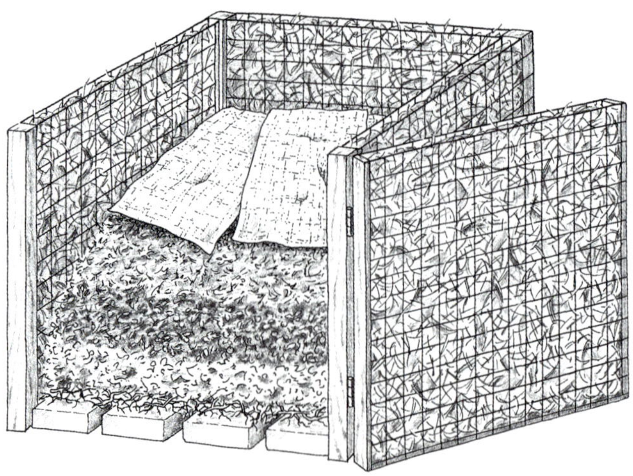

Für den Bau einer nach oben offenen, soliden Umrandung für die Kompostmiete lassen sich Bretter oder mit Stroh ausgepolsterter Maschendraht verwenden. Eine Seite kann dabei offengelassen werden. Auf den Grund werden zur besseren Durchlüftung einige Backsteine gelegt und mit einer Schicht gröberen Materials wie Reisigstückchen, Baum- und Heckenschnitt bedeckt.

OBEN Die vertrockneten, goldbraunen Blätter einer Buchenhecke liegen auf den kräftigen, ledrigen Bergenienblättern und auf dem angrenzenden Weg und vermitteln eine intensive Herbststimmung. Buchenlaub eignet sich hervorragend zum Mulchen von Waldböden, da es zu nährstoffreichem, braunem Laubhumus von lockerer, krümeliger Substanz verrottet. Allzuviel Laubstreu auf den Bergenien muß jedoch beseitigt werden.

Legen Sie nun Schichten aus Unkraut, Staudentrieben und Gemüseabfällen darüber. Beigemengter Rasenschnitt sollte mit gröberen Materialien gemischt werden, um ein Verklumpen zu verhindern. Nach jeder etwa 15 cm dicken Schicht wird etwas organischer Dünger oder ein Kompostierungsmittel aufgetragen. Von Zeit zu Zeit sollte man ein wenig Holzasche darüberstreuen; sie enthält Kaliumkarbonat.

UNTEN Die blauen Scheinähren des Günsel *Ajuga pyramidalis*, die milchweißen Blütentrauben der Schaumblüte *Tiarella cordifolia* und die blauen und rosa Vergißmeinnichtblümchen bringen im Spätfrühling Leben in eine Waldumgebung. Funkien und die bogigen Stengel der Schattenblume *Smilacina racemosa* bereichern die farbenfrohe Gruppe durch ihre schönen Formen.

Aufbau eines idealen Bodens für Schattenpflanzen

Zunächst brauchen Sie große Mengen organischen Materials – verrottetes Laub, reifen Kompost, vermoderten Adlerfarn, ja sogar alten Kompost aus der Pilzzucht, wenn Sie nicht gerade kalkfliehende Pflanzen kultivieren wollen. Mengen Sie zur Auflockerung des Gemischs Splitt oder groben Sand und für mehr Festigkeit ein wenig Lehmerde bei. Sollten diese Bestandteile größere Steine, Wurzeln oder Erdklumpen enthalten, so ist es ratsam, sie vorher grob durchzusieben. Das ideale Verhältnis besteht in zwei Teilen organischen Materials zu einem Teil Sand oder Splitt und einem Teil Lehm. Wer besondere Gewächse kultivieren möchte, wie etwa die im Kapitel über Liebhaberpflanzen (Seite 83–99) beschriebenen, muß ein solches Optimum anstreben.

Von den anspruchsvollsten Spezies einmal abgesehen, gedeihen alle Schattenpflanzen aber auch dann noch gut, wenn der Boden zur Hälfte oder gar zu drei Vierteln aus Sand oder fast ganz aus organischer Substanz besteht. In meinem eigenen Garten auf einem ehemaligen Zechengrundstück habe ich ausschließlich organische Stoffe verwendet, in der Hauptsache vermodertes Laub und Gartenkompost. Die Würmer sorgten für eine schnelle Vermischung mit dem Schiefer des Unterbodens, und das Endprodukt bekam meinen Waldpflanzen äußerst gut. Eine neutrale bis leicht saure Reaktion sowohl von Splitt und Lehm als auch des anstehenden Bodens ermöglicht die Kultivierung nahezu jeder beliebigen Schattenpflanze.

Die selbst hergestellte Gartenerde kann vielerlei Zwecken dienen: der Verbesserung des vorhandenen Bodens, der Abdeckung untauglichen Unterbodens oder stark wurzliger Flächen, für erhöhte Beete, für Pflanzcontainer oder zum Aufbau einer Bodenschicht auf Beton. Falls nötig, können Bretter, Äste, dünnere Baumstämme oder sogar Betonblöcke oder Bordsteine eingesetzt werden, um das Abtragen des Gemischs durch den Wind zu verhindern. Bahnschwellen dürfen nicht zur Beeteinfassung verwendet werden, sie sind mit pflanzenschädlichen chemischen Stoffen imprägniert.

Umwandlung von Rasen in Pflanzareal

Ein Rasenstück oder eine Wiese läßt sich gut in einen Boden umwandeln, der die für einen Schattengarten optimale Zusammensetzung aufweist. Zunächst mäht man das Gras und steckt die Flächen ab, die Rasen bleiben sollen. Nun gibt es unterschiedliche Methoden, um das unerwünschte Gras zu beseitigen: Abtragen der Grassoden (aufgeschichtet können sie später als Lehmerde genutzt werden) oder Untergraben (sehr spärlicher Graswuchs wird so abgetötet, kräftiges Gras dagegen kommt wieder hoch) und Vernichtung durch Lichtabschluß. Vom Abtöten mit Herbiziden ist dringend abzuraten, da sie Pflanzen- und Tierwelt Ihres Gartens gefährden und damit das Ökosystem stören.

Sehr leicht läßt sich Rasen durch Lichtabschluß umwandeln, wenn man Strohballen in etwa 5 cm dicke Lagen teilt, diese auf der gesamten umzuwandelnden Rasenfläche verteilt und dabei so übereinanderlegt, daß kein Licht durchdringen kann. Diese Vorgehensweise wirkt angeblich sogar gegen Quecken. Wenn das Stroh zu verrotten anfängt (und der Boden dadurch gleichzeitig mit organischer Substanz angereichert wird), sollte das Gras abgestorben sein. Eine andere, von mir selbst nicht ausprobierte Methode, die aber von George Schenk, einem talentierten amerikanischen Gärtner, empfohlen wird, besteht darin, die Fläche mit Zeitungspapierlagen – je Lage mindestens zehn Blätter – abzudecken und anschließend eine dünne Schicht Erde oder auch einen 15 bis 20 cm dicken Boden aufzutragen. Wer sich für letztere, die ausgefallenere, Variante entscheidet, kann sofort mit dem Pflanzen beginnen; andernfalls muß man etwa sechs Monate warten, bis das Gras abgestorben ist.

Pflege des schattigen Gartens

Zur erfolgreichen Gartenpflege gehören zum einen die kleineren Arbeiten – sozusagen die Schönheitskorrekturen – und zum anderen die Sorge um die Gesundheit und die Vermehrung der Pflanzen. Waldboden führt zwar im allgemeinen auch ohne Zusatz von Dünger zu gesundem Wachstum, aber bei einem nicht ganz optimal zusammengesetzten Boden empfiehlt sich zu Frühlingsbeginn dennoch das Einbringen eines guten, ausgewogenen Düngers (einmal jährlich bei sehr kargem Boden, sonst in größeren Abständen), um stärkeren Wuchs, üppigere Blätter und eine größere Blütenfülle zu bewirken.

Noch wichtiger ist das jährliche Mulchen, durch das nicht nur die Verdunstung herabgesetzt und damit ein Austrocknen der Erde verhindert werden soll, sondern auch die von Schattenpflanzen so geschätzte lockere Struktur eines Bodens mit hohem Laubanteil bewahrt wird. In der Natur erfolgt das Mulchen durch die herabfallenden Blätter im Herbst. Doch im Garten geht es nicht ganz ohne eine korrigierende Hand. Sehr kleine Pflanzen können durch das tote Laub ersticken und sollten deshalb freigelegt werden. Größere Gewächse dagegen profitieren von der Laubdecke.

Leidenschaftliche Schattengärtner, deren Bäume noch zu jung sind, um genügend Laubstreu zu produzieren, beschaffen sich zusätzliche Mengen außerhalb ihres Gartens und ergänzen damit die dünne Decke um Sträucher und größere Stauden. Die Blätter von Buche und Eiche gelten allgemein als die besten, da sie recht schnell zu einer krümeligen Masse verrotten. Wollen Sie allerdings kalkfeindliche Pflanzen ziehen – sei es auf einem von Natur aus sauren Boden oder, falls Ihr Boden allgemein kalkhaltig ist, in einem speziell dafür angelegten Beet mit saurem Milieu –, so sollten Sie bedenken, daß Birken- und eventuell auch Eichenbestände häufig auf kalkhaltigen Böden zu finden sind und daß nach Ansicht einiger Experten Lauberde aus Blättern von einem auf Kalkboden wachsenden Baum immer alkalisch ist.

Feuchte Blätter haben beim Mulchen den Vorteil, daß man sie gut zusammengepreßt in dichten Lagen um die Sträucher packen und auf diese Weise (außer in äußerst exponierten Gärten) sicherstellen kann, daß sie nicht verwehen. Die Blätterschicht um Sträucher und Bäume sollte etwa 12 bis 15 cm dick sein, die unmittelbare Umgebung der Baum- und Strauchstämme muß jedoch ausgespart bleiben, um Wurzelhalsfäule zu vermeiden. Für kleinere Pflanzen, Bodendecker und alle anderen Gewächse, die unter einer dicken Laubschicht ersticken würden, ist ein Mulch aus fein gehäckseltem, im Hochsommer aufgetragenem, grünem Adlerfarn, feingemahlener Baumrinde oder Laubhumus jedoch besser geeignet.

Wem es nicht gelingt, Laubstreu in ausreichender Menge zusammenzutragen, um sie als Mulch zu verwerten, kann auch auf gut verrotteten Gartenkompost, Rindenabfälle oder nahezu alle anderen der bereits erwähnten organischen Substanzen zurückgreifen. Am wenigsten gibt Torf her. Ganz abgesehen von der Sorge der Naturschützer um das Verschwinden der Torfmoore, trocknet er allzu schnell aus und wird leicht verweht. Trägt man den Torf dagegen so dick auf, daß sich ein wirksamer Mulch ergibt, so ist das Ganze kaum noch zu bezahlen.

Großzügiges Mulchen schützt die Wurzeln der Pflanzen auch gegen Frost. Nach jedem Frosteinbruch sollte man eine Runde durch den Garten machen und alles wieder fest andrücken, was durch den Frost hochgedrückt wurde – andernfalls werden die Wurzeln schnell austrocknen. Bei anhaltenden Trockenperioden in der Wachstumsphase muß gewässert werden. Wie auch im offenen, sonnigen Garten bekommt den Pflanzen weniger häufiges, aber dann reichliches, die tieferen Bodenschichten erfassendes Wässern weitaus besser als häufiges Sprenkeln.

OBEN Eine im Herbst aufgetragene Laubmulchschicht mit untergemischten kleinen Zweigen hält den ganzen Winter über sowohl die Wärme als auch die Feuchtigkeit im Erdreich. Im Sommer dient sie außerdem als Unkrautverdränger, und sobald sie verrottet, nährt sie den Boden. Darüber hinaus verleiht sie den kahlen Stämmen und bizarren Ästen dieses mehrstämmigen Baumes etwas Behagliches und harmoniert im Frühling mit dem leuchtenden Gelb der Narzissen.

DIE GRUNDSTRUKTUR DES SCHATTIGEN GARTENS

Die Gestaltung jedes Gartens sollte sorgfältig geplant werden. Gute Gestaltung schafft ein Gleichgewicht zwischen der Grundstruktur – Bäumen, Hecken, Wegen, Rasenflächen und dauerhaften, meist immergrünen Pflanzelementen – und den Arealen mit wechselnder Bepflanzung. In diesem Kapitel möchte ich auf die Gewächse eingehen, die Teil der Grundstruktur sind. Eine wichtige Funktion erfüllen sie in jedem Garten, für den schattigen Garten jedoch sind sie das Fundament, da sie einen Großteil des Schattens spenden, der ihm seinen spezifischen Charakter verleiht.

Dieser schattige Garten im Schutz eines Laubdaches besitzt ein solides Gerüst aus dauerhaftem Blattwerk und großzügiger Bodenbepflanzung. Efeubewachsene Mauern verstärken den Eindruck einer Oase der Ruhe und bilden einen lebendigen Hintergrund für das kräftige Laub der Mahonie (links), die ledrigen Schaufelblätter von Bergenien (rechts) und die aufrechten Lanzen einer Schwertlilie zu beiden Seiten des gepflasterten Weges.

Schattenspendende Bäume

Bäume weisen in ihrer Funktion als Schattenspender erhebliche Unterschiede auf. Die einen sind freundlich und machen den Pflanzen in ihrer Umgebung weder durch ihre Wurzeln noch durch ihr Laubdach das Leben schwer, andere dagegen haben eine gierige, herrische Natur. Wer einen Garten übernimmt, dessen Baumbestand schon recht alt ist, dem bleibt nichts anderes übrig, als das Beste daraus zu machen. Wer allerdings mit einem kahlen Grundstück beginnt, sollte sich für solche Bäume entscheiden, die Schönheit und einen hohen Nutzwert als Schattenspender in idealer Weise miteinander verbinden.

Es ist zwar verständlich, wenn Sie bei Ihren gepflanzten Bäumen schnell Ergebnisse sehen wollen, aber dennoch empfiehlt es sich nicht unbedingt, ein Vermögen für eine Vielzahl schwerer Standard-Hochstämme (so der Handelsname für Bäume, die von den Baumschulen mit bereits gut entwickelter Krone und hohem Stamm angeboten werden) auszugeben. Vorausgesetzt, man findet etwas Passendes, mag sich der Kauf lediglich eines solchen Baums aber durchaus lohnen, da man so unmittelbar über eine begrenzte Schattenfläche verfügt und zumindest im kleinen ein schneller Erfolg erzielt werden kann.

Auf lange Sicht aber erhält man die besten Ergebnisse, wenn man klein anfängt. Je jünger der gepflanzte Baum, desto besser wird er im allgemeinen in der neuen Umgebung anwachsen. Ein Baum, der im Container gezogen wurde, sollte ein gut entwickeltes Wurzelwerk aufweisen, das aber den Topf noch nicht ganz ausfüllt. Ragen die Wurzeln nämlich bereits durch die Tropflöcher oder ist der Ballen so stark durchwurzelt, daß sie sich umeinanderschlingen, so besteht die Gefahr, daß der Baum nie fest einwachsen wird. Vergewissern Sie sich beim Kauf von in offenem Grund gezogenen Bäumen, daß die Wurzeln beim Ausgraben nicht beschädigt wurden. Idealerweise wurde der Baum, während er in der Baumschule heranwuchs, immer wieder einmal umstochen oder gar gehoben. Dies bewirkt, daß sich ein dichter Ballen faseriger Wurzeln herausbildet, der ohne großen Schaden verpflanzt werden kann. Haben Sie Ihren Baum bei einem Versandhaus bestellt und die Wurzeln des gelieferten Exemplars gleichen Stümpfen, so sollten Sie Ihr Geld zurückfordern.

Kleiner Baumführer

Um Ihnen die Auswahl schattenspendender Gehölze für Ihr Grundstück zu erleichtern, wurden die Bäume im folgenden Abschnitt nach verschiedenen Gesichtspunkten gruppiert: So besitzen manche besonders schönes Laub oder eine interessante Rinde, andere tragen Blüten oder Früchte, und wieder andere sind aufgrund ihrer Ausmaße in erster Linie für größere Gärten geeignet.

Bäume mit schönem Laub oder interessanter Rinde

Acer. Viele Ahornbäume besitzen eine malerische Wuchsform und anmutiges Blattwerk. Sie werfen einen lichten Schatten und zeigen prächtige Herbstfärbung. Aufgrund ihrer gestreiften Rinde bleiben »Schlangenhautahorne« auch im Winter attraktiv. Sie erreichen alle nur mittlere Höhe, wachsen aber relativ schnell. Außerdem sind sie winterfest und gedeihen in jedem

So wird ein Baum gepflanzt

Sofern Sie einen Boden vorfanden bzw. sich einen geschaffen haben, der auf die Bedürfnisse von Schattenpflanzen optimal abgestimmt ist, können Sie bei kleinen Gewächsen direkt und ohne Vorbereitung zum Pflanzen übergehen. Sie müssen sie anschließend lediglich kräftig angießen, um sicherzustellen, daß die Wurzeln rundherum von feuchter Erde umhüllt sind. Bei Bäumen und Sträuchern bereitet das Pflanzen dagegen mehr Mühe. Je schlechter die Bodenbedingungen, desto mehr Sorgfalt sollte man am Anfang aufwenden.

Heben Sie ein Loch aus, das groß genug ist, um den Wurzeln in ihrer vollen Länge Platz zu bieten. Zusammengedrückte Wurzeln können unter Umständen das Wachstum des Baumes hemmen. Lockern Sie mit einer Spitzhacke den Unterboden, um unter der Oberfläche verborgene Verdichtungszonen aufzubrechen, und entfernen Sie Felsbrocken und größere Steine.

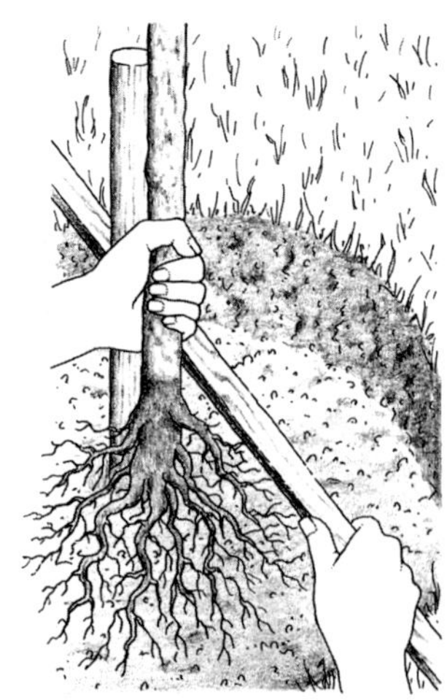

LINKS *Pyrus salicifolia* ›Pendula‹, eine Birne mit dem Habitus einer Trauerweide, entwickelt eine günstige Krone für schattenliebende Pflanzen. Dies gilt allerdings nur dann, wenn man für die Ausbildung eines klaren Stammes gesorgt hat, so daß in den Bereich der Kronentraufe Licht eindringen kann. Auf diesem Bild prägt die Nieswurz *Helleborus orientalis* in harmonierenden Weiß-, Rosa- und Lilatönen das zarte Farbspektrum der Pflanzgruppe. Von der winterlichen Kälte geschädigte Blätter sollten entfernt werden, bevor die Blütenschäfte der Nieswurz allzuweit entwickelt sind, damit ihre nickenden Blüten später voll zur Geltung kommen können. Verhindert man den Samenansatz nicht, so entsteht in kurzer Zeit eine Kolonie aus selbstgesäten Jungpflanzen.

Setzen Sie den Baum nur so tief in das Pflanzloch, wie dies, aus den Markierungen am Stamm zu schließen, auch vorher der Fall war. Eine quer über das Loch gelegte Holzlatte kann als Anhaltspunkt dienen. Treiben Sie auf der dem Wind zugekehrten Seite des Baumes einen Stützpfahl ein. Der Baum sollte so lange daran angebunden bleiben, bis er angewachsen ist.

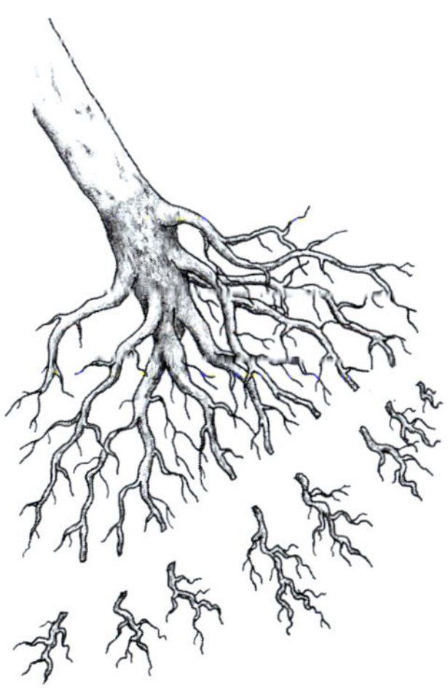

Weisen die Wurzeln Ihres Baumes Schäden auf, so sollten Sie sie vor dem Einsetzen an den entsprechenden Stellen zunächst sauber zurückschneiden und anschließend einige Äste des Baumes kürzen oder entfernen (s. S. 20), um das Gleichgewicht zwischen Wurzelsystem und Krone wieder herzustellen.

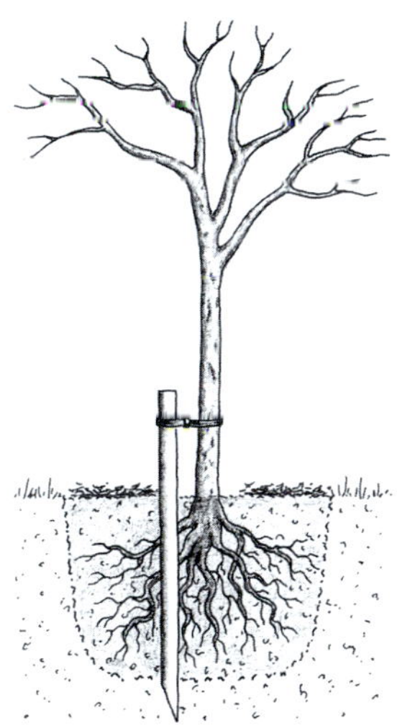

Breiten Sie die Wurzeln vorsichtig aus, und füllen Sie die Räume zwischen den Verästelungen sorgfältig mit dem Erdgemisch auf. Treten Sie den Boden rund um den Baum mit den Stiefelabsätzen an, und schlämmen Sie ihn ein. Zum Schluß wird unter Aussparung des Wurzelhalses Mulch aufgetragen, um die Wasserverdunstung und den Unkrautwuchs zu hemmen.

passablen Gartenboden. Einige der schönsten Arten sind: *A. capillipes* mit grün und weiß gestreifter Rinde, rotem Austrieb und leuchtender Herbstfärbung; *A. davidii* und seine Kulturformen mit weißen Streifen auf grüner oder rötlicher Rinde sowie glänzenden Blättern, die sich im Herbst nach dem Reifen der rot überhauchten, in Trauben hängenden geflügelten Früchte leuchtendbunt färben; *A. grosseri* var. *hersii* mit besonders schön marmorierter Rinde, wie an einem langen Faden aufgereiht hängenden geflügelten Früchten und zarter Laubtönung im Herbst; der größere *A. rufinerve* mit grün und weiß gestreifter Rinde, weiß bereiften jungen Trieben und goldgelb und rot gefärbtem Herbstlaub; und *A.* ›Silver Vein‹ mit schön gezeichneter Rinde an Stamm und Ästen. Der Zimtahorn *A. griseum* besitzt einen rauhen Stamm mit zimtbrauner Borke, die sich in papierdünnen Streifen abrollt, und Blätter mit jeweils drei Blättchen, die sich im Herbst scharlachrot färben. In saurem Boden angepflanzt, eignen sich all diese Arten hervorragend als Begleiter von immergrünen Rhododendren, zu deren kompakter Wuchsform die aufgelockerte, anmutige Gestalt des Ahorns einen guten Kontrast bildet. Mit vielen immergrünen Sträuchern aus der auf den Seiten 44 bis 45 beschriebenen Auswahl läßt sich ein ähnlicher Kontrasteffekt von solidem Sockel und luftigem Baldachin auch auf kalkhaltigem Boden erzielen. Um *A. griseum* herum sollte die Bepflanzung niedrig gehalten werden, um dessen schöne, sich schälende Rinde nicht zu verdecken.

Der in Japan heimische Ahorn, *Acer japonicum* ›Aureum‹ (die korrekte Bezeichnung lautet neuerdings *A. shirasawanum* ›Aureum‹) ist eine wahre Augenweide. Er wächst allerdings sehr langsam. Sein frisches, blaßgelbes Laub kontrastiert perfekt mit Rhododendron-Arten, deren Blattunterseiten hellbraun behaart sind wie z. B. die des *Rhododendron bureavii. A. shirasawanum* ›Aureum‹ braucht selbst ein gewisses Maß an Schatten, da seine Blätter in der Sonne leicht verbrennen. Der Frühlingsahorn, *A. opalus*, dessen Blüten im Frühling noch vor dem Laub erscheinen, wächst relativ schnell zu mittlerer Größe heran und wirft einen dichteren Schatten als die meisten anderen hier aufgeführten Arten.

Azara microphylla. Wo es das Klima erlaubt, empfiehlt sich besonders für kleine Gärten dieser anmutige, langsam wachsende, frostempfindliche Baum mit seinen fächerartig ausgebreiteten Zweigen voller kleiner, immergrüner Blätter und winziger, gelber Blüten im Spätwinter bis Vorfrühling, die einen intensiven Vanilleduft verströmen.

Betula. Obwohl Birken gierige, faserige Wurzeln besitzen, sind sie mit ihren weißen oder farbigen Stämmen und den im Herbst sanft herabregnenden kleinen, goldgelben Blättern so hübsch anzusehen, daß man nur ungern auf sie verzichtet. Sie wachsen schnell zu mittelhohen Bäumen heran, eignen sich aufgrund ihrer lichten Krone dennoch auch für kleinere Gärten. Die Sand- oder Weißbirke *B. pendula* ist vom nördlichen Polarkreis bis Nordafrika verbreitet; die Form ›Laciniata‹ weist tief eingeschnittene Blätter auf. Die in Nordamerika heimische Papierbirke, *B. papyrifera*, hat eine blendendweiße Rinde. Zu den asiatischen Birken gehören *B. albo-sinensis* mit apricotfarbener, *B. costata* und *B. ermanii* mit hellgelber bis graugelber sowie *B. utilis* var. *jacquemontii* mit auffallend weißer Rinde. Birken gedeihen in fast allen Böden, ob feucht oder trocken. In Kalkböden fühlen sie sich dagegen weniger wohl. Für einen Standort mit genügend Feuchtigkeit und saurem Boden gibt es nichts Schöneres als eine Birke (oder auch einen kleinen Birkenhain, wenn die Platzverhältnisse es erlauben) mit einer Unterpflanzung aus immergrünen Azaleen in Weiß, Rosa und Purpurrot.

Elaeagnus angustifolia. Die Schmalblättrige Ölweide ist robust und unempfindlich gegen Kälte, Hitze, Zugluft und Wind. Entfernt man die unteren Äste, so entsteht ein kleiner, schattenspendender Baum, der mit seinem silbergrauen Laub an Olivenbäume erinnert – mit dem Unterschied, daß er nur sommergrün ist. Das dornige Gehölz bringt im Frühsommer duftende, blaßgelbe Blüten hervor. Abgesehen von dürftigem Kalk ist jeder Boden geeignet. Die Ölweide kann als Schattenspender für blasse Pflanzenschönheiten oder als Kontrast zum kräftigen, dunkelgrünen Blattwerk der weiter unten aufgeführten immergrünen Sträucher (Seite 44–45) und Bodendecker (Seite 53–55) dienen.

Gleditsia triacanthos. Die Amerikanische Gleditschie ist stark dornig bewehrt und wird mit der Zeit recht groß. Versuchen Sie, die dornenlose ›Inermis‹ oder eine Sorte mit buntem Laub wie ›Sunburst‹ in Goldgelb oder ›Rubylace‹, deren Rot später in ein bronzen getöntes Grün übergeht, zu bekommen. Das Laub der Gleditschie ist wesentlich feiner gefiedert als das der verwandten Scheinakazie, *Robinia pseudoacacia,* und wirft einen durchbrochenen Schatten. Die Sorten mit buntem Laub sind nicht so großwüchsig und eignen sich deshalb für kleine Gärten. Die Kombination von *Gleditsia triacanthos* ›Sunburst‹ mit dem großblättrigen Trompetenbaum *Catalpa bignonioides* ›Aurea‹ ergibt eine Sinfonie aus Gelbgrüntönen.

Metasequoia glyptostroboides. Ist der Urweltmammutbaum, eine sommergrüne Konifere mit weicher, grasgrüner Benadelung, die im Herbst einen Rostton annimmt, noch jung, kann man darunter problemlos pflanzen. Mit zunehmendem Alter bildet er jedoch einen dichten Nadelteppich unter seinen Ästen, der jedes pflanzliche Leben erstickt läßt. Er bevorzugt feuchten Boden und wächst schnell zu mittlerer Größe heran.

Olea europea. Olivenbäume werden sehr alt und erreichen auf feuchten Böden eine beträchtliche Höhe, in trockenen Zonen dagegen bleiben sie gedrungen. Diese frostempfindlichen Bäume mit ihrem gräulichen Schimmer und ihren im Alter knorrigen Stämmen sind charakteristisch für die Mittelmeerländer und Kalifornien. Zu einer Unterpflanzung mit mediterranem Flair gehören die blau-weiße *Anemone blanda,* die ganz ähnliche *A. apennina* und kleine, vielblütige Narzissen.

Roscoea cautleoides
Diese nur bedingt winterharte Verwandte des Gewürzingwers ist in den Gebirgsausläufern des Himalaja zu Hause. Deckt man sie im Herbst mit einer dicken Mulchschicht ab, übersteht sie sogar recht kalte Winter. Sie fühlt sich in jedem kühlen Humusboden wohl, der nie ganz austrocknet. Ihre behelmten, orchideenartigen, zitronengelben Blüten stehen im Frühsommer auf 30–50 cm langen Stengeln über aufrechten, lanzettlichen Blättern.

LINKS Die Mehlbeere, *Sorbus aria*, und ihre Kulturformen sind kalkliebende Bäume und wunderschön anzusehen, wenn sich im Frühling aus ihren länglichen Knospen die unterseits weißfilzigen Blätter entfalten und aus der Ferne in ihrer grazilen Haltung an die weißen Kelche einer Magnolie erinnern. Auf die flachen, cremefarbenen Blütenstände folgen dunkelrote Früchte, umrahmt von goldbraunem Herbstlaub. Die stille Harmonie in Grau und Weiß, die den Reiz dieser Bäume im Frühling ausmacht, wird hier mit einem Teppich aus Hasenglöckchen und Gras untermalt. Im kleinen Garten sind blaublütige *Omphalodes cappadocica* oder Traubenhyazinthen *(Muscari)* dem Hasenglöckchen vorzuziehen, da sie leichter unter Kontrolle zu halten sind.

LINKS Eine vielstämmige Kirsche breitet ihre Äste über die Rabatte aus grünlich-gelbem Blütennebel von *Alchemilla mollis*, goldblättrigen Funkien und *Geranium* ›Johnson's Blue‹.

SEITE 35 Ein alter Obstbaum mit hohlem Stamm verleiht dieser Pflanzgruppe aus *Hyacinthoides hispanica, Hosta sieboldiana* und den schlanken, grünen Blütenkerzen von *Tellima grandiflora* Charakter und spendet ihr überdies den nötigen Schatten. Eine am Baumstamm hochgebundene Kletterrose sorgt in der zweiten Sommerhälfte auch in der Höhe für Farbtupfer.

Als Schattenspender ungeeignete Bäume

Roßkastanie, Bergahorn, Buche, Steineiche, Pappel, Platane, Spitz- und Zuckerahorn, *Magnolia grandiflora, Paulownia*, Eibe und viele Kiefernarten haben gefräßige Wurzeln, eine dichte Krone, die weder Licht noch Regen durchläßt, oder eine Laub- bzw. Nadelstreu, unter der alles erstickt. Auf manche von ihnen treffen gar alle drei Eigenschaften zu. Wer mit seinem Garten einen dieser Bäume übernommen hat, sei noch einmal auf die Lösungsvorschläge im Kapitel »Schatten ist nicht gleich Schatten« hingewiesen.

Sorbus. Diese artenreiche Gattung umfaßt einerseits die Mehlbeeren und andererseits die Ebereschen oder Vogelbeeren. Mehlbeerbäume sind klein bis mittelgroß mit ungefiederten, auf der Unterseite weißfilzigen Blättern. Die Knospen sitzen, bevor sie sich im Spätfrühling öffnen, wie kleine Flammen auf den Zweigen. Eine Sorte der in Europa heimischen Mehlbeere *Sorbus aria*, ›Majestica‹, hat auffallend große Blätter; eine andere, die hübsche ›Lutescens‹, ist im Austrieb cremefarben und weich wie Plüsch. *S. thibetica* ›John Mitchell‹ besitzt fast kreisrunde, unterseits weiße Blätter; *S. cuspidata* benötigt Windschutz, damit die schönen großflächigen Blätter nicht abbrechen. Die Mehlbeere läßt sich gut mit anderen kalkliebenden Pflanzen kombinieren. Besonders schön ist der Kontrast zu Buchsbaum und *Phillyrea* mit ihrem dunklen, immergrünen Laub.

Taxodium distichum. Die Sumpfzypresse ist eine dem Umweltmammutbaum ähnliche, sommergrüne Konifere mit wechselständiger Benadelung, die sich im Herbst rost- und bronzefarben färbt. In einem gewöhnlichen Gartenmilieu gedeiht die Sumpfzypresse gut, aber noch wohler fühlt sie sich in besonders feuchten Böden, wo sie mit Etagenprimeln, Hybriden vom Sikkimensis-Typ, *Iris sibirica* und anderen feuchtigkeitsliebenden Pflanzen kombiniert werden kann.

Blühende und früchtetragende Bäume

Amelanchier. Die Felsenbirne *Amelanchier canadensis* und ihre Verwandten bestechen im Frühling durch sternförmige, zierliche, weiße Blüten und im Herbst durch leuchtend gefärbtes Laub. Sie sind relativ schnellwüchsig, oftmals vielstämmig und für kleine Gärten ideal. Die äußerst winterfesten Gehölze gedeihen in den meisten Böden außer in stark kalkhaltigen, am wohlsten fühlen sie sich aber in einem feuchten, gut drainierten Milieu.

Besonders reizvoll wirken sie zusammen mit einer Unterpflanzung aus Frühlingsblumen in kräftigen Farben – erlesenen Wolfsmilchgewächsen wie *Euphorbia polychroma*, den margeritenähnlichen Blüten der Gemswurz in leuchtendem Gelb, dem goldgelben Flattergras *Milium effusum* ›Aureum‹ und kleinen Osterglocken. In sauren Böden ist die Felsenbirne die ideale Begleitung zu rosafarbenen Azaleen.

Cercis. Der in Eurasien beheimatete Judasbaum *C. siliquastrum* und die nordamerikanische Variante *C. canadensis* tragen im Frühling, noch bevor sich die herzförmigen Blätter entfalten, an den kahlen Zweigen und selbst am Stamm rosenrote bzw. hellpurpurne Schmetterlingsblüten. Es handelt sich hierbei um kleinwüchsi-

ge Bäume, die am besten in gut drainiertem Boden gedeihen und mit ihrer lichten Krone einen durchbrochenen Schatten werfen. Wer die intensiven Farben des Judasbaumes mag und damit noch nicht genug hat, kann eine Unterpflanzung im mediterranen Stil aus pinkfarbener *Anemone blanda* ›Radar‹ erwägen.

Cornus. Unter den Hartriegelgehölzen gibt es entzückende, kleine Bäume mit auffälligen weißen oder rosa Hochblättern im späten Frühling. Fast alle sind Flachwurzler, so daß der für Schattenpflanzen optimale Boden mit einem hohen Anteil an organischem Material auch für sie ideal ist. Bis auf *C. kousa* und *C. florida*, die keine flachen, kalkhaltigen Böden mögen, gedeihen sie ebensogut in saurem wie in basischem Milieu. Für Regionen mit Kontinentalklima ist der Blumenhartriegel (*C. florida*) am besten geeignet. Von ihm gibt es mehrere Sorten in Weiß und Rosa, die besonders schön als Pflanzpartner von weißen Azaleen aussehen. Der Japan-Hartriegel, *C. kousa*, und seine chinesische Varietät, *C. kousa* var. *chinensis*, brauchen ein eher feuchtes, maritimes Klima. Fast alle zeigen eine leuchtende Herbstfärbung. Für milde Regionen empfiehlt sich die immergrüne *C. capitata* mit blaßgelben Hochblättern und erdbeerförmigen Früchten. Bei dem frostharten Pagodenhartriegel *C. controversa* mit elfenbeinfarbenen Schirmrispen zeigt sich deutlich die Neigung dieser Gattung zu etagenförmigem Wuchs.

Crataegus. Die zu dieser Gattung zählenden Rotdorne *C. laevigata* ›Paul's Scarlet‹ und ›Rosea Flore Pleno‹ sind unter Kleingärtnern sehr beliebt, obwohl sie mit ihren altmodischen Blütenfarben im Frühling, mattem Purpur und stumpfem Rosa, schwer zu plazieren sind. Man sollte unbedingt vermeiden, sie in die Nähe von Gelb oder Orange zu bringen. Sie wecken Erinnerungen an Omas Garten und passen daher gut zu Blumen wie Akelei, Tränendes Herz und Vergißmeinnicht. Der kleine, breitkronige Weißdorn *Crataegus × prunifolia* hat Blätter wie ein Pflaumenbaum und färbt sich im Herbst leuchtend bunt. Den Rot- und Weißdornen ist jeder passable Gartenboden recht.

Fraxinus. Die Manna-Eschen *F. ornus* (mittelgroß) und *F. mariesii* (etwas kleiner) tragen im Frühsommer duftende, cremefarbene Blütenbüschel. Hinweise auf die großwüchsigeren Eschenarten finden Sie im Abschnitt »Bäume für größere Gärten« (Seite 38–39).

Koelreuteria paniculata. Der Blasenbaum gedeiht am besten an sonnigen, geschützten Plätzen und profitiert von sommerlicher Hitze, die seine leuchtendgelben Blütenrispen zum Vorschein bringt. Aus diesen entwickeln sich dünnwandige, blasige, orangefarbene Samenkapseln. Seine gefiederten Blätter ähneln denen von Esche oder Vogelbeere. Der Blasenbaum wird mittelgroß und bildet mit den Jahren eine breite Krone aus. Er stellt keine besonderen Ansprüche an den Boden.

Laburnum. Der Goldregen wächst nahezu auf jedem Boden und treibt im Spätfrühling oder Frühsommer seine hängenden, gelben Blütentrauben, doch sollte er wegen seiner stark giftigen Samen aus Kinderspielberei-

RECHTS Diese *Magnolia × soulangiana* hat glatte, kräftige Äste und weiße, weinrot überlaufene Blütenkelche, wie sie für diese äußerst robuste Magnolienhybride charakteristisch sind. Eine einfache Unterpflanzung aus tiefblauen *Primula*-Polyantha-Hybriden, deren intensive Färbung durch das gelbe Blütenauge noch verstärkt wird, ist diskret genug, um nicht von der schlichten Eleganz der Magnolie und dem Licht- und Schattenspiel auf ihren Ästen abzulenken.

chen ferngehalten werden. *L.* × *watereri* ›Vossii‹ ist nicht ganz so gefährlich, da er nur wenige Samen entwickelt. Mit diesem Vorbehalt ist der Goldregen ein ideales Gartengehölz.

Magnolia. Die ausdrucksvoll geformten Kulturformen der *M.* × *soulangiana* mit ihren weißen, rosa oder purpurnen, tulpenartigen Blüten sind robuster, als ihr Aussehen vermuten läßt. Häufig werden sie als Großsträucher kultiviert, doch von unten behutsam gestutzt, ergeben sie vielstämmige Bäume, die unter ihren Ästen Platz für Schattenpflanzen bieten. Die weidenblättrige Magnolie *M. salicifolia* ist ein schlanker, mittelgroßer Baum, der im Frühling an kahlen Zweigen kleine, reinweiße Blüten mit dem Duft von Orangenblüten entfaltet. Die erst danach austreibenden langen elliptischen Blätter werfen einen durchbrochenen Schatten. Die Loebneri-Hybriden sehen ähnlich aus und vertragen sogar etwas Kalk, solange der Boden feucht genug ist: ›Leonard Messel‹ hat rosa überhauchte, elfenbeinfarbige Blüten, die der Sorte ›Merrill‹ sind strahlend weiß. Diese Frühlingsblüher wirken alle besonders hübsch mit einer Unterpflanzung aus blauen Blumen wie *Omphalodes cappadocica* oder Traubenhyazinthen. Die sommerblühenden Magnolien wie *M. sieboldii* für saure Böden und die kalkverträgliche *M. wilsonii* wachsen unter idealen Bedingungen schnell heran und tragen schon in jungen Jahren duftende, nickende, weiße Blüten mit roten Staubgefäßen.

Malus. Zieräpfel sind attraktive, blühende Bäume von kleinem Wuchs, die in bezug auf Bodenbeschaffenheit und Klima sehr flexibel sind und außerdem so spät blühen, daß ihnen der in manch tückischer Wetterregion auftretende Spätfrost nichts mehr anhaben kann. Der einzige Zierapfel mit rötlichem Laub, den ich empfehlen würde, ist *M.* ›Almey‹ mit im Austrieb purpurfarbenen, später bronzefarbenen Blättern und Blüten in einem außergewöhnlichen klaren Rot, denen leuchtendorange Früchte folgen. *M. floribunda* ist wegen seiner schmucken, in der Knospe roten, später rosa bis fast weißen Blüten ein beliebter Zierapfel. Seine Zweige berühren fast den Boden. Zieräpfel mit genießbaren Früchten, wie *M.* ›John Downie‹, dessen Äpfel sich zu köstlichem Gelee verarbeiten lassen, stehen den anderen in der Blüte in nichts nach. In ihrer Gestalt gleichen sie den Kulturapfelbäumen, und wie diese harmonieren sie besonders gut mit Primeln und Veilchen.

Oxydendrum arboreum. Der kleine Sauerbaum wächst nur in saurem Milieu. Der schlanke Wuchs, die weißen Blütentrauben im Sommer und die leuchtendrote Laubfärbung im Herbst machen ihn zu einem idealen Pflanzpartner für Alpenrosen und Azaleen.

Prunus. Zu dieser Gattung zählen auch die so weit verbreiteten Japanischen Zierkirschen. Das Spektrum reicht vom aufdringlichen Rüschenkleid in Bonbonrosa bis zur würdevollen Gestalt einer *P.* ›Tai Haku‹ mit einfachen, weißen Blüten und kupferrotem Laubaustrieb. Auch *P.* ›Ukon‹ wirkt mit ihren grünlichweißen Blüten mit einem Hauch von Gelb eher zurückhaltend. Wer eine rosablühende Kirsche wählt, sollte sie so setzen, daß sie sich gegen kühle Töne wie die grauer Felsen, blaugrauer Koniferen oder das zarte Violett eines entfernten Birkenhains abhebt. Roter Ziegelstein und frisches Grasgrün vertragen sich nicht mit dem Bonbonrosa ihrer Blüten. Blaßrosa blühende Kirschbäume sind leichter zu plazieren. Bei den Japanischen Zierkirschen handelt es sich größtenteils um kleine Bäume, manche sind niedrig und breitkronig, andere schmal und säulenförmig.

Bestimmte Wildkirschen und ihre unmittelbaren Abkömmlinge verfügen über mehr Charme. *Prunus sargentii* ist ein rundkroniger Baum mit einfachen, rosafarbenen Blüten und kupfernem Austrieb, der sich außerdem durch eine leuchtende Herbstfärbung auszeichnet. Ausnehmend gut paßt dazu eine Unterpflanzung aus *Geranium macrorrhizum* ›Album‹ mit weißer Krone und rosafarbenem Kelch. *P. serrula* mit unscheinbaren Blüten und schmalen Blättern wird wegen ihrer glänzenden, mahagonibraunen Rinde geschätzt. Die Unterpflanzung sollte niedrig und einfach gehalten werden, damit die dekorative Rinde voll zur Geltung kommen kann. Die Hybriden ›Accolade‹ in kräftigem Rosa, ›Kursar‹ in Dunkelrosa und ›Okame‹ in Karmesinrot sind ausgezeichnete kleinwüchsige Bäume, die Anfang Frühling in Blüte stehen. Setzt man unter die Zweige von *P.* ›Okame‹ den extrem früh blühenden *Rhododendron* × *praecox* mit zarten, hellpurpurlila Blüten, purpurrosafarbenen Seidelbast (*Daphne mezereum*), rosafarbene *Pieris japonica* ›Daisen‹ und *Bergenia purpurascens*, so entsteht ein außergewöhnliches Spiel der Farbnuancen: Die abgestuften Purpur- und Rosatöne der Unterpflanzung scheinen die Blütenfarbe des Baums in ein reines Rosa zu verwandeln. *P. subhirtella* ›Autumnalis‹ wird wegen ihrer ungewöhnlichen Blütezeit geschätzt. Im Frühling würde ihre Blüte kaum beachtet werden, doch – bei milder Witterung – mitten im Winter an kahlen Zweigen haben die zarten rosa Blüten durchaus ihren Reiz. Die Sorte ist von anmutigem, kleinem Wuchs, wirft einen pflanzenfreundlichen Schatten und hat weniger gierige Wurzeln als die Japanischen Zierkirschen. Eine Unterpflanzung aus panaschierten Funkien, Farnen und *Dicentra* sorgt das ganze Jahr über für Dekoration.

Schinus molle. Der Peruanische Pfefferbaum gehört in milde Klimazonen, da er nur wenig Frost verträgt. Seine farnartigen, immergrünen Blätter, die in viele schmale, lanzettliche Blättchen unterteilt sind, werfen einen günstigen Schatten, aber die Wurzeln nehmen mit zunehmendem Alter gewaltige Ausmaße an, obwohl der Baum selbst nicht sehr groß wird. Der volkstümliche Name erklärt sich durch die leuchtendrosafarbenen, pfefferkorngroßen Früchte, die in Strängen an den weiblichen Bäumen sitzen. Der Pfefferbaum ist im Mittelmeerraum und in Kalifornien recht weit verbreitet.

Sorbus. Die etwa 80 Arten der Eberesche unterscheiden sich unter anderem durch die Form ihrer Blätter und die Farbe ihrer Beeren. Die Arten mit orange-

SCHATTENVERTRÄGLICHE BÄUME

Liegt Ihr Garten bereits im Schatten, so möchten Sie vielleicht wissen, welche Zierbäume bei solchen Lichtverhältnissen in Frage kommen.

- Goldregen blüht unter dem Blätterdach höherer Bäume (wie z. B. einer *Platanus* × *hispanica*) anscheinend genauso üppig wie unter freiem Himmel.
- *Styrax japonica* und *Oxydendron arboreum* mögen immerhin leichten Schatten und Waldboden. Dies gilt auch für die mit der Kamelie verwandte *Stewartia* mit kleinen, weißen Blüten und marmorierter Schälborke.
- Die in Japan heimischen Ahornarten färben sich bei voller Sonne zwar am schönsten, doch wissen sie auch, ähnlich den blühenden Hartriegelgehölzen, Windschutz und Streuschatten zu schätzen.
- Die sommergrüne *Eucryphia glutinosa*, ein kleiner, lichtkroniger Baum, der im Sommer weiße Blüten, gefüllt mit Büscheln von Staubblättern, hervorbringt, bevorzugt neutrale bis saure Lauberde und leichten Schatten.
- Magnolien – einmal abgesehen von der äußerst robusten *M.* × *soulangiana*, die anscheinend alles mitmacht, solange der Boden neutral bis sauer ist – fühlen sich mit ihren Wurzeln in kühlem, humosem Erdreich in halbschattiger Lage ebenfalls am wohlsten. Einmal gepflanzt, möchten sie nicht mehr gestört werden.

farbenen oder roten Beeren sind in puncto Partner im allgemeinen wenig wählerisch, so daß man nie sicher sein kann, was sich aus den Samen entwickelt; die Arten mit weißem oder rosa Fruchtschmuck bleiben unter sich, so daß die Sämlinge dem Elternbaum ähneln. Alle Arten sind klein bis mittelgroß. Ein Nachteil des Vogelbeerbaums (*S. aucuparia*) ist, daß seine orangefarbenen Früchte, die im Sommer heranreifen, schnell von den Vögeln weggepickt werden. Die Sorte *S. aucuparia* ›Beissneri‹ sticht im Winter durch ihre leuchtende, korallenrote Rinde hervor, *S. aucuparia* ›Aspleniifolia‹ besitzt tief eingeschnittene, fein gefiederte Blätter. In Asien beheimatete Arten mit roten oder orangefarbenen Früchten sind u. a. *S. commixta*, deren Laub und Früchte eine äußerst lebhafte Färbung aufweisen, *S. discolor* und die wundervolle *S. sargentiana*, die dicke, klebrige Winterknospen wie die Roßkastanie besitzt. *S. scalaris* wirkt mit ihren dicken, glänzenden Blättern wie eine immergrüne Pflanze, ist aber nur sommergrün und zeigt vor dem Laubabwurf eine schöne Herbstfärbung. Die bekannteste Eberesche mit gelben Früchten ist wohl *S.* ›Joseph Rock‹, deren bernsteinfarbene Früchte inmitten herbstlich gefärbter Blätter in Purpur, Orange und Scharlachrot heranreifen.

Zu den Arten mit rosa oder weißen Beeren gehört *Sorbus hupehensis* mit blaugrünen gefiederten Blättern und kleinen, weißen Früchten. *S. hupehensis* var. *obtusa* hat rosafarbene Früchte. Eine der zierlichsten und für kleine Gärten hervorragend geeigneten Arten ist *S. vilmorinii* mit vielen, winzigen Blättchen an jedem gefiederten Blatt und zwischen rotem Herbstlaub hervorleuchtenden Beeren, die von Rot in Rosa und schließlich in Weiß übergehen und noch lange an den Zweigen haftenbleiben. Auch die Beeren der *S. cashmiriana* bleiben lange hängen, sind jedoch größer und mattweiß. Ihnen gehen rosa Blüten voraus. Das purpurne erste Laub verweist schon auf die ebenfalls dunkle Herbstfärbung. Sein attraktives Aussehen während eines Großteils des Jahres und sein offenes Astwerk, das einen durchbrochenen Schatten wirft, machen *S. cashmiriana* zum idealen Baum für den kleinen Garten.

Styrax japonica. Dieser gefällige, lichte Schattenspender mit offenem, fächerartigem Astwerk und kleinen Blättern formt ein breites Dach, von dem in den Sommermonaten kleine, weiße Glocken herabhängen. Der Japanische Storaxbaum braucht einen geschützten Standort und optimal zusammengesetzte, humusreiche Schattenerde ohne Kalk. Rhododendren mit ihrem kräftigem Laub schaffen einen schönen Kontrast zu seinem eleganten Wuchs.

Bäume für größere Gärten

Ailanthus altissima. Der Götterbaum ist groß und äußerst schnellwüchsig und daher für einen kleinen Garten vollkommen untauglich. Er wächst in jedem, auch sehr schlechtem Boden, bevorzugt aber mildes Klima. Gegen Luftverschmutzung ist er relativ unempfindlich. Die fast meterlangen Blätter setzen sich aus vielen, kräftigen Fiedern zusammen. Die weiblichen Bäume bringen manchmal schmucke Büschel leuchtendrostroter Früchte hervor.

Fraxinus. Eschen sind größtenteils hoch und raschwüchsig. Ihre reiche, gefiederte Belaubung wirft im Sommer einen relativ tiefen Schatten, aber da der Laubaustrieb spät erfolgt, haben frühblühende Waldpflanzen genügend Zeit, sich zu entwickeln, bevor ihnen das Licht genommen wird. Die Gemeine Esche, *F. excelsior*, ist für die meisten Gärten zu groß. Die nur wenig kleinere *F. angustifolia* gibt einen raschwüchsigen, eleganten Baum für große Gärten ab. *F. angustifolia* ›Raywood‹ hat kräftige, weinrote Herbstfärbung.

SEITE 39 Aufgrund seiner anmutigen Trauben goldgelber Schmetterlingsblüten wird *Laburnum* im Volksmund treffend »Goldregen« genannt. Dabei handelt es sich nicht nur um ein schattenspendendes, sondern auch um ein schattenverträgliches Gehölz, das unter dem Dach höherer Bäume genauso üppig blüht wie im gänzlich exponierten Garten. Man kann es an einem Gerüst aus Metall oder Holz hochwachsen lassen und auf diese Weise einen schattigen, grünen Tunnel kreieren, der mit seinem goldgelben Flor im Frühling einen zauberhaften Anblick bietet. Die Unterpflanzung aus kräftigen Farnwedeln sorgt hier für frisches Grün.

Der Erziehungsschnitt

Bei neugepflanzten oder jungen, mit einem neuen Garten übernommenen Bäumen zahlt sich sorgfältiges Schneiden in jedem Falle aus. Wenn sie von Anfang an richtig »erzogen« werden, sollten sie zu anmutig geformten Bäumen heranwachsen, die den von jedem Schattengärtner so sehr geschätzten Streuschatten werfen. Der Erziehungsschnitt muß, während der Baum noch jung ist, jährlich oder alle zwei Jahre im Frühling durchgeführt werden, um eine lichte Krone und einen schlichten, säulenartigen Stamm zu erzielen.

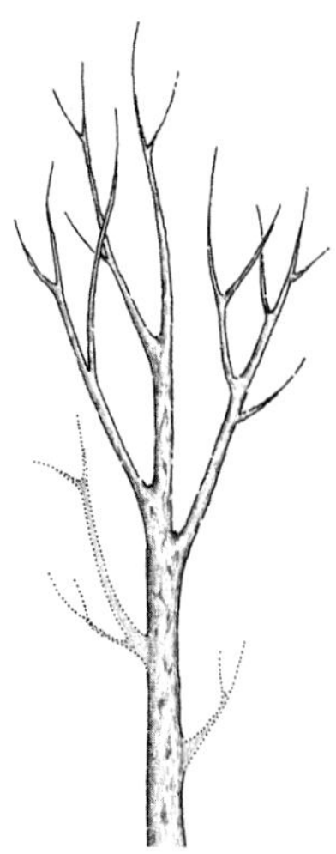

◂ *Entfernen Sie alle dünnen Zweige, die so tief unten ansetzen, daß der Baum, ließe man sie stehen, mehr wie ein Strauch aussehen würde.*

Schneiden Sie von sich überkreuzenden Ästen zunächst den nach innen wachsenden heraus, und überlegen Sie dann, ob der andere jetzt oder später auch noch entfernt werden muß. ▸

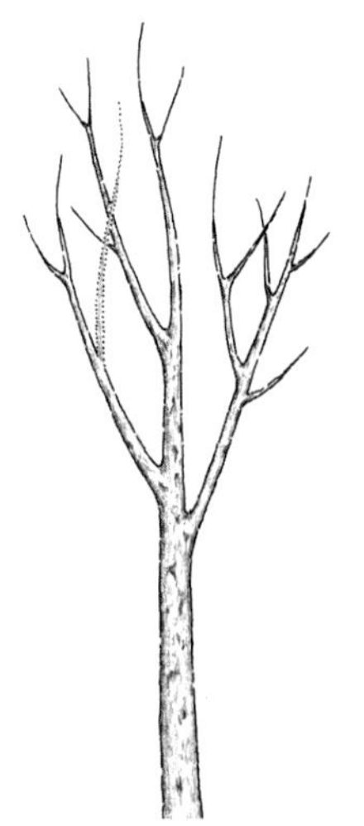

Quercus. Unter den Eichen befinden sich ausgezeichnete Schattenspender, da ihre tiefreichenden Wurzeln Unterwuchs nicht gefährden. Die Stieleiche, *Q. robur*, und die Traubeneiche, *Q. petraea*, sind beide in Europa beheimatet. Diese besonders im Alter sehr charaktervollen Bäume gehören jedoch eher in den Wald als in den Garten. Die Roteiche, *Q. rubra,* die Sumpfeiche, *Q. palustris,* und insbesondere die Scharlacheiche, *Q. coccinea,* sind Bäume mit tief gebuchteten Blättern, die sich im Herbst herrlich verfärben. Alle sind bei gutem Boden schnellwüchsig und erreichen eine beträchtliche Höhe, so daß sie für kleine Gärten wenig empfehlenswert sind. Wo aber genügend Platz vorhanden ist, sind sie die idealen Schattenspender für ausgesuchte Rhododendronarten.

Robinia pseudoacacia. Die Gemeine Robinie oder Scheinakazie ist ein stattlicher, raschwüchsiger Baum mit hübsch gefiedertem Laub, neigt jedoch zur Bildung von Wurzelausläufern, weshalb sie für Schattengärten nicht optimal ist. Die langen Trauben weißer, schwach duftender Blüten erscheinen im Frühsommer. *R. pseudoacacia* ›Frisia‹ ist eine weitverbreitete Sorte mit goldgelbem Laub, ähnlich dem der noch reizvolleren *Gleditsia triacanthos* mit ihrer gelben Herbstfärbung. Eine Unterpflanzung aus Wolfsmilch, blassen Narzissen und panaschiertem Beinwell gibt die frischen Töne der *R. pseudoacacia* ›Frisia‹ in neuen Varianten wieder.

Sophora japonica. Der Japanische Schnurbaum ist ein Gehölz mit dekorativem Laub. Besonders hübsch ist er im Sommer mit seinen langen Trauben cremeweißer Schmetterlingsblüten. Die Blüten entwickeln sich aber nur an erwachsenen Bäumen in einem Klima mit langen, heißen Sommern. Der Japanische Schnurbaum wird mit der Zeit recht groß und bildet ein geeignetes Schattendach für immergrüne Sträucher mit kräftigem Blattwerk.

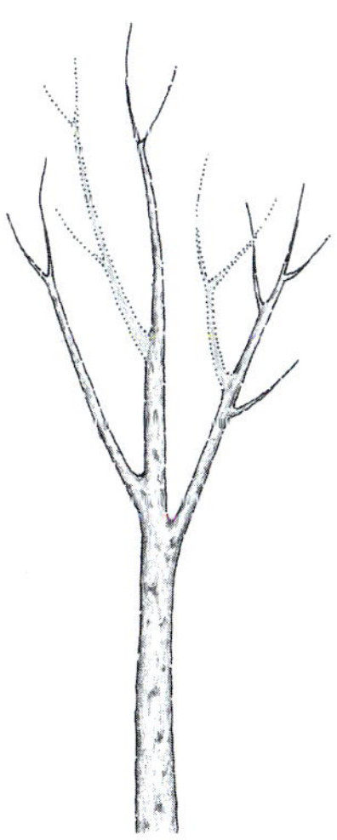

Entscheiden Sie sich für einen Leitast, und ermögli chen Sie ihm einen guten Start, indem Sie alle Triebe entfernen, die mit ihm konkurrieren könnten, insbesondere solche, die langfristig ein spitzes V formen würden, was einem Baum nie förderlich ist.

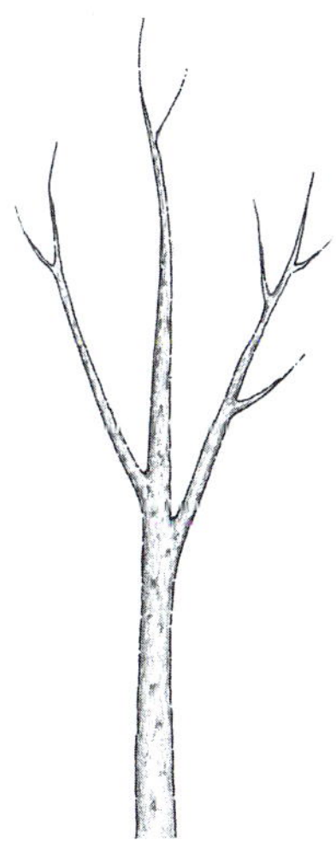

◀ *Wenn Sie nicht gerade in einen Standard-Hochstamm investiert haben, werden die untersten Äste, die Sie in diesem Wachstumsstadium stehenlassen, nur 90–120 cm über dem Erdboden ansetzen.*

Mit zunehmender Größe sollten diese Äste entfernt werden, um einen deutlichen Stamm von 1,80 bis 2,40 m Höhe – oder auch mehr, wenn es sich um einen äußerst großwüchsigen Baum handelt – zu erhalten. ▶

Gestaltung einer exotischen Waldlandschaft

Bereits ein oder zwei Bäume können die Atmosphäre einer »Waldlandschaft« vermitteln, wenn Boden und Belaubung ähnliche Bedingungen schaffen wie an einem Gehölzrand. Exotische Waldpflanzen werden in gewissen Grenzen künstlich geschaffene Voraussetzungen akzeptieren. Es bringt jedoch nichts, auf einem gewachsenen Boden, der stark kalkhaltig ist, Rhododendren pflanzen zu wollen; statt dessen sollten Sie kalkliebende Exoten wählen.

Beachten Sie auch die Farbwirkung. Das Rosa eines blühenden Kirschbaums etwa muß durch Blau- und Mauvetöne sowie durch bläulich-grünes Laub gemildert werden. Bäume mit sehr hellem gelbgrünem Laub im Frühling lassen sich hervorragend mit Scharlachrot, frischem Grün und Gelb kombinieren. Bei Bäumen mit weißen Blüten oder mit Blättern in einem neutralen Grünton sind die Kombinationsmöglichkeiten wesentlich größer.

OBEN Von links nach rechts: *Rhododendron* ›Fabia‹, *Dryopteris affinis, Pieris* ›Firecrest‹, *Gymnocarpium dryopteris, Gaultheria procumbens* (um den Baumstamm).

Vorschläge für sauren Boden unter einer Scharlacheiche

Setzen Sie die aus der folgenden Liste ausgewählten Pflanzen in einen gut mit Laub durchsetzten Boden. Achten Sie bei Rhododendren darauf, daß ihr Wurzelhals nicht von Erde bedeckt wird. Die Pflanzenauswahl basiert auf hellem Scharlachrot und frischem Grün; bevorzugen Sie sanftere Farben, pflanzen Sie die zierliche *Corylopsis pauciflora* mit ihren zartgelben Blütenglocken dazu oder *Fothergilla gardenii* mit cremefarbenen Blütenbüscheln und hellroter Herbstfärbung.

Dryopteris affinis: kräftige, dunkelgrüne Wedel, die sich im Frühling aus goldenen Krummstäben entfalten.
Gaultheria procumbens: kriechender Bodendecker mit dunkel glänzenden Blättern; kleine, weiße Blüten gefolgt von leuchtendscharlachroten Früchten im Herbst.
Gymnocarpium dryopteris (Eichenfarn): grasgrüne, filigrane, sommergrüne Wedel; nur mäßig kriechende Wurzelausläufer.
Pieris ›Firecrest‹: hellroter Austrieb, der über Apricot und Zitronengelb zu Grün verblaßt, sowie Doldentrauben weißer, urnenförmiger Blüten im Frühling.
Rhododendron ›Fabia‹: kuppelförmiger Wuchs; korallenrote, orange überlaufene Blüten im Hochsommer.

OBEN Von links nach rechts: *Ribes laurifolium, Helleborus orientalis* (hinten), *Primula vulgaris* und *Galanthus nivalis* (vorne), *Polypodium vulgare* ›Cornubiense‹ (am Baumstamm und halbrechts).

Vorschläge für kalkhaltigen Boden unter einem weißblühenden Kirschbaum

Wählen Sie zunächst für den Standort passende Sträucher aus der folgenden Liste aus. Innerhalb der so geschaffenen Grundstruktur läßt sich dann das Thema Weiß/Grün beliebig ausbauen, z. B. mit Schneeglöckchen, weißer Nieswurz, Tüpfelfarn, weißen und cremefarbenen Primeln und Salomonssiegeln, weißer *Dicentra,* weiß panaschierten Funkien, weißen Türkenbundlilien und im Herbst mit weißem Schwalbenwurzenzian und weißbeeriger *Actaea alba.*

Galanthus nivalis: Schneeglöckchen mit weißen, am Rand grünmarkierten Blütenblättern.
Helleborus orientalis: nickende weiße, rosa oder violette, auch dunkel gefleckte Blüten
Polypodium vulgare ›Cornubiense‹: doppelt gefiederte, auch im Sommer noch frischgrüne Wedel.
Primula vulgaris: die Kissenprimel mit zartgelben, manchmal auch cremefarbenen oder weißen Blüten.
Ribes laurifolium: niedriger Bodendecker mit großen, gezähnten Blättern und nickenden Trauben grünlichgelber Blüten im Frühjahr.

Dauerhafte Formen und immergrünes Laub

UNTEN In diesem ganzjährig attraktiven Gartenteil klettern zwei bunte Efeuformen – eine mehrjährige, goldgelbe *Hedera helix* ›Buttercup‹ und eine breit weiß geränderte *H. helix* ›Marginata Major‹ – den dunklen Chinesischen Wacholder (*Juniperus chinensis*) hinauf.

Der durch Bäume geschaffene Schattenbereich benötigt ein festes Gefüge aus Sträuchern, Farnen und Bodendeckern zur Einbettung der kurzlebigeren Pflanzen mit Blüten- und Beerenschmuck. Wo es das Klima erlaubt, sorgen immergrüne Sträucher besonders im Winter für einen wertvollen Kontrast zum blattlosen Astwerk der Bäume. Sie verhindern, daß der Garten während der kalten Monate einen trostlosen Anblick bietet, und schützen empfindliche Unterpflanzung. Von besonderer Bedeutung sind sie für die zarten, kostbaren Waldblumen, die im Kapitel über Liebhaberpflanzen beschrieben werden.

Sofern nicht entsprechend vermerkt, zeigen alle hier aufgeführten Sträucher auch ohne regelmäßigen Schnitt ein vollkommen zufriedenstellendes Wachstum. Unter Umständen müssen ihre Ausmaße ab und zu reguliert werden. Dies geschieht am besten, indem einzelne Zweige bis zum Ansatz zurückverfolgt und vollständig herausgeschnitten werden.

Vermeiden Sie beim Gehölzschnitt um jeden Preis den Einheitsschnitt nach Parkmanier, denn er nimmt nicht nur der Pflanze ihre charakteristische Form, sondern raubt Ihnen eventuell auch die Freude an den Blüten.

Selbst relativ raschwüchsige Sträucher sehen am Anfang vielleicht etwas kümmerlich aus, und man ist versucht, sie sehr dicht zu pflanzen, um möglichst schnell ein solides Gerüst zu erhalten. Trotz der verbreiteten Warnung, dieser Versuchung nicht nachzugeben, halte ich dichtes Pflanzen mit wenigen Ausnahmen für durchaus legitim, vorausgesetzt – und dies ist ein wichtiger Vorbehalt –, Sie lassen es nicht dazu kommen, daß sich die Pflanzen gegenseitig behindern, und versetzen einige Sträucher zum gegebenen Zeitpunkt an einen neuen Standort oder entfernen einen weniger schön gewachsenen gar aus Ihrem Garten, um für die anderen Platz zu schaffen. Eine Möglichkeit, den Geldbeutel zu schonen und Verschwendung zu vermeiden, ist die, anfangs nur ein kleines Areal des Gartens zu bepflanzen und auf der restlichen Fläche Gras zu säen. Ein neues Beet wird erst dann angelegt, wenn einige Sträucher umgepflanzt werden müssen. Auf diese Weise ergibt sich der überraschende Anblick eines neu erschlossenen Areals, dessen Bepflanzung gleichzeitig schon recht weit gediehen ist.

Die meisten Sträucher können mit guter Aussicht auf Erfolg versetzt werden, solange sie keine unhandlichen Ausmaße erreicht haben. Die Bodenvorbereitung am neuen Standort sollte abgeschlossen sein, bevor der betreffende Strauch vorsichtig ausgegraben wird, ohne die Wurzeln zu beschädigen. Der Wurzelballen sollte dabei im ganzen mitsamt der Erde herausgehoben werden. Oft lohnt es sich, den Strauch vor dem Ausgraben zu wässern. Doch in jedem Fall sollte er nach dem Versetzen gründlich eingeschlämmt werden.

Das Versetzen von Sträuchern geschieht am besten zur gleichen Jahreszeit wie das Pflanzen (Näheres dazu im Kapitel »Das Gartenjahr«). Im ersten Jahr, das dem Umpflanzen folgt, sind die meisten Sträucher für zusätzlichen Windschutz und tägliches Abspritzen mit Wasser in Hitze- oder Trockenperioden dankbar, da dadurch die Verdunstung über Blätter und Stämme reduziert wird.

Zu den Sträuchern, die ohne weiteres verpflanzt werden können, zählen immergrüne Azaleen und kleine Rhododendren. Sie können fast schon als mobil bezeichnet werden, so problemlos wachsen sie nach dem Versetzen bei adäquater Behandlung wieder ein. Kaufen Sie möglichst viele dieser Sträucher, setzen Sie sie zu einer dichten Gruppe zusammen und pflanzen jeden zweiten um, sobald sie ineinanderzuwachsen beginnen. Sträucher, die sich nicht zum Verpflanzen eignen, sind Sorten mit Pfahlwurzeln wie Ginster und mit fleischigen, leicht verletzbaren Wurzeln wie Magnolien.

LINKS In dieser Pflanzgruppe für den Frühling steht *Skimmia japonica* (links im Bild) gerade in voller Blüte, doch ist ihre hübsche Kuppel aus immergrünem Laub das ganze Jahr über ansehnlich und hebt sich klar gegen den goldgelb panaschierten *Euonymus fortunei* ab. Rechts im Bild leuchten einem die ballförmigen Blüten der Kugelprimel, *Primula denticulata,* entgegen.

Immergrüne Sträucher

Einfach zu kultivierende immergrüne Sträucher wie die Aukube *Aucuba japonica,* die Lorbeerkirschen *Prunus laurocerasus* und *P. lusitanica,* der gedrungene Schneeballstrauch *Viburnum davidii* und selbst die Heckenkirsche *Lonicera pileata* sind für Schattengärten besonders wertvoll. Einige Formen der Aukube, insbesondere die nicht gefleckten, wachsen zu hübschen, mittelgroßen Sträuchern heran: *Aucuba japonica* ›Salicifolia‹ ist eine weibliche Form mit schlanken, glänzenden Blättern und vielen roten Früchten. Ähnliches Laub besitzt die männliche *A. japonica* ›Lance leaf‹, während die männliche *A. japonica* ›Crassifolia‹ verdickte, breite, dunkelgrüne Blätter aufweist.

Wenn die Aukuben auch nahezu mit allen Widrigkeiten wie Kälte, Wind und wurzligem Boden fertig werden, sind sie für eine gute Behandlung doch sehr dankbar. Sie eignen sich bestens zum Aufbau eines soliden Pflanzensockels unter Bäumen mit lichter Krone oder zum Anlegen von Buchten, in die kleinere oder kurzlebigere schattenliebende Gewächse, wie sie in den Kapiteln »Dekorative Gestaltungselemente« und »Liebhaberpflanzen« aufgeführt werden, gepflanzt werden können.

Die gewöhnliche Lorbeerkirsche, manchmal auch Kirschlorbeer genannt, wird sehr groß und hat kräftige, glänzende Blätter. Unter hohen Bäumen gibt sie einen dekorativen Windschutz ab. Das schönste Blattwerk weist *Prunus laurocerasus* ›Magnoliifolia‹ auf. Niedrige, sich stark ausbreitende Kulturformen werden weiter unten bei den bodenbedeckenden Sträuchern (Seite 53–55) beschrieben. Alle Lorbeerkirschen tragen im Frühling cremefarbene, unangenehm riechende Blütenähren. Blätter, Knospen, Rinde und Früchte der Lorbeerkirschen sind giftig.

Ein weiterer immergrüner Strauch mit glänzenden Blättern ist die Steinlinde *Phillyrea latifolia.* Dieser Großstrauch hat elegantes Laub, wenn auch nicht besonders aufregende weiße Blüten, und paßt gut zu Mehlbeeren. Er gehört zu den Sträuchern, die sich gut für einen Formschnitt eignen und daher wenig Platz beanspruchen.

Bei der verwandten Duftblüte (*Osmanthus*), einem mittelgroßen Strauch, der sich selbst in ungeschnittenem Zustand gut für verhältnismäßig kleine Gärten eignet, reicht das Spektrum von dem beliebten *Osmarea × burkwoodii* bis zum *Osmanthus heterophyllus* mit seinen stechpalmenartigen Blättern. Eine Art, die sich besonders gut für schattige Standorte eignet, ist *O. decorus*, ein dichter runder Strauch mit kräftigem, glänzendem Laub und kleinen, weißen, duftenden Blüten, die im Spätfrühling erscheinen.

Skimmien sind ein bißchen wählerischer als diese anspruchslosen immergrünen Gewächse. Sie verlangen einen feuchten, möglichst neutralen bis sauren Laubboden und Schatten. Zuviel Sonne oder trockener Boden kann Chlorose verursachen, eine Krankheit, bei der die Blätter gelb werden. Skimmien sind ebenso wie *Aucuba japonica* zweihäusig: Die männlichen Formen haben die schönere Blüte und den süßeren Duft, die weiblichen Formen bestechen durch ihren leuchtendscharlachroten Beerenschmuck. Bei den meisten handelt es sich um Kleinsträucher, einige sind sehr kompakt oder sogar zwergwüchsig.

Skimmia japonica ›Rubella‹ ist eine männliche Kulturform mit tiefroten Knospen im Winter, aus denen im Frühling elfenbeinfarbene Blüten hervorbrechen. Besonders reizvoll sieht sie zusammen mit weißen Narzissen aus.

S. japonica ›Fragrans‹ ist im Winter eher unauffällig, doch im Frühling, während der Blüte, verströmt sie einen bezaubernden Maiglöckchenduft. Für beengte Standorte eignet sich ›Ruby Dome‹, die nur halb so groß wie ›Rubella‹ wird.

S. × confusa ›Kew Green‹, von ausladendem Wuchs, mit kegelförmigen Rispen grünlich-weißer Blüten und leuchtendgrünem Laub kann als Ausgangspunkt für ein grün-weißes Arrangement dienen, mit Schneeglöckchen oder Märzbecher und grüner Nieswurz zum Winterende und im Frühling, gefolgt von weiß panaschierten Funkien im Sommer.

Die gelben, glockigen Blüten der *Mahonia japonica,*

OBEN *Daphniphyllum macropodum* ist ein edler Blattschmuckstrauch, der in seiner Eleganz ein wenig an Rhododendren erinnert, im Gegensatz zu jenen aber Kalkböden verträgt. Die roten Blattstiele geben ihm das ganze Jahr über Farbe, und im Herbst erscheinen im Anschluß an die unscheinbaren Blüten blaue, weiß bereifte Früchte.

SEITE 45 Eine der schönsten weißen Kamelien für den schattigen Garten ist ›Cornish Show‹, ein winterharter, wohlgeformter Strauch mit rosa getönten Knospen, langwährendem, reinweißem Flor und kupferfarbenen jungen Blättern im Frühling.

die im Frühling in Trauben erscheinen, duften ebenfalls nach Maiglöckchen. Dieser mittelgroße, kuppelförmige Strauch kann es zu einer ordentlichen Laubfülle bringen, wenn Schößlinge konsequent zurückgeschnitten werden.

Die Hybriden von *M. japonica* und *M. lomariifolia* (ein sehr aufrechter Großstrauch für milde Gegenden mit großen, gefiederten, ledrigen Blättern) haben auffälligere Blüten, doch nur wenige unter ihnen duften. Alle tragen Blätter, die aus mehreren stechpalmenartigen Blättchen zusammengesetzt sind.

Die kleineren Mahonien haben einen völlig anderen Charakter. *M. nervosa* etwa ist ein langsam kriechender Bodendecker. Mit ihren Stachelzähnen an den Blättchenrändern lassen sich hübsche Effekte erzielen. Sie sollte mit möglichst schlichten Pflanzen kombiniert werden, wie zum Beispiel mit Moos, *Danaë racemosa* mit ihren gebogenen Zweigen und winterharten Alpenveilchen. Anstelle des bekannteren Zwergschneeballs *Viburnum davidii* würde ich *V. cinnamomifolium* den Vorzug geben, einem größeren, lichteren Strauch mit ähnlich kräftigen Blättern mit vorstehenden Adern, die aber noch stärker glänzen als die des *V. davidii.* Bei günstigem Standort und Wetter ist auch *Viburnum × burkwoodii* immergrün. Er trägt zweimal im Jahr – im späten Frühjahr und im Herbst – ballförmige, stark duftende zartrosa Dolden aus röhrenförmigen Blüten, die sich weiß öffnen.

Weitere weniger bekannte, aber äußerst dekorative Immergrüne für schattige Stellen sind *Trochodendron aralioides* mit blaßgrünen, langgestielten Blättern, die mit einem dünnen, rostfarbenen Rand eingefaßt und wirtelig angeordnet sind, sowie der Japanische Sternanis (*Illicium anisatum*), ein duftender Strauch mit ledrigen, glänzendgrünen Blättern und durchscheinenden, gelben Blüten im Frühling. Beide wachsen nur langsam zu mittelgroßen Sträuchern heran, doch das Warten lohnt sich.

Ein weiterer ungewöhnlicher und höchst dekorativer immergrüner Strauch – jedoch nur für mildes Klima und Streu- oder Halbschatten – ist *Daphniphyllum macropodum*. Die rötliche Farbe der Stiele, auf denen die unterseits blaugrünen Blätter sitzen, zieht sich bis in die Mitteladern hoch, was an die Blätter einiger Rhododendronarten erinnert, und ihm ein Aussehen ähnlich dem *Rhododendron fortunei* verleiht. Die Blüten des *Daphniphyllum* sind unscheinbar, doch dafür bereitet sein Laub das ganze Jahr hindurch Freude.

Die grünblättrigen Formen der Stechpalme, *Ilex aquifolium,* sind sehr schattenverträglich. Sie wirken allein stehend ebenso dekorativ wie als Hintergrund für pastellfarbene Blüten. Ein besonders schöner Strauch für einen geschützten Platz ist *Itea ilicifolia* mit ihren dunkelgrünen, stechpalmenartig gezähnten Blättern, denen aber die scharfen Spitzen fehlen. Im Sommer trägt sie attraktive grünlichgelbe, kätzchenartige Blütenstände, die in langen Quasten herabhängen und einen angenehmen Duft verbreiten.

Ein begrünter, schattiger Innenhof

In vielen von der moslemischen Kultur beeinflußten Regionen ist ein abgeschlossener Innenhof mit Pflanzen und oftmals auch einem Springbrunnen oder Sprudelbecken integraler Bestandteil des Wohnhauses. In den heißen Ländern bietet der Innenhof sowohl angenehmen Schatten als auch einen abgegrenzten privaten Bereich.

Doch auch in kühleren Regionen Mitteleuropas hat so manches Stadthaus im Parterre eine Fläche aufzuweisen, die mit ein wenig Phantasie in etwas Ähnliches wie einen Innenhof verwandelt werden kann. Die einzige Schwierigkeit dürfte dabei sein, einen dunklen Raum aufzuhellen. Doch weißgekalkte Wände und Spiegel wirken raumvergrößernd und bringen auch noch in die dunkelsten Ecken mehr Licht.

Kräftige Blätter und weiße Tupfer

Fatsia japonica: kräftige, handförmige, dunkelglänzende Blätter mit gewellten Rändern; Dolden elfenbeinfarbener Blüten im Herbst. Für jeden passablen Boden geeignet, gedeiht gut in Containern und erreicht eine Höhe von bis zu 2,40 m. Wenn sie Ihnen zu groß wird, schneiden Sie sie ruhig radikal zurück. Entfernen Sie die unteren Äste, um an ihrem Fuß Raum für Schattenpflanzen zu schaffen.
Galanthus ›S. Arnott‹: eine der edelsten Schneeglöckchen-Sorten.
Hosta undulata var. *undulata:* recht kleine, schmale, gedrehte Blätter, überwiegend weiß mit grünem Rand.
Polystichum setiferum: leicht gedrehte, fein gefiederte Wedel.

OBEN Von links nach rechts: *Polystichum setiferum, Hosta undulata* var. *undulata,* ein weiterer Schildfarn, *Fatsia japonica.*

RECHTS An der Mauer von links nach rechts: *Itea ilicifolia, Berberidopsis corallina.* Vorne: *Polystichum falcatum* ›Rochfordiana‹, *Dicentra macrantha, Adiantum venustum, Viola hederacea,* dahinter *Daphne pontica.*

Grün-weiße Komposition auf kleinstem Raum

Bergenia stracheyi ›Alba‹: kleine, ledrige, eiförmige Blätter; im Frühling weiße oder rötlich angehauchte Blütenköpfe auf kurzen Stengeln.
Choisya ternata: wohlriechende, glänzendgrüne Blätter, die sich aus jeweils drei Blättchen zusammensetzen; Büschel duftender, weißer Blüten im Frühling und häufig noch einmal im Herbst; rundlicher Strauch von 1,80 m Höhe und Breite.
Iris foetidissima ›Variegata‹: immergrüne, grünweiß gestreifte Schwertblätter.
Viola obliqua ›Alba‹: nichtduftendes Veilchen mit großen, reinweißen Blüten.

RECHTS *Choisya ternata* mit einer Unterpflanzung aus *Viola obliqua* ›Alba‹ und *Iris foetidissima* ›Variegata‹ links und rechts sowie *Bergenia stracheyi* ›Alba‹ in der Mitte.

Ein geschütztes Eckchen

Adiantum venustum: zierlicher Frauenhaarfarn, Wurzeln nur leicht kriechend; erreicht eine Höhe von 20 cm.
Daphne pontica: niedriger, ausladender Busch mit glänzendgrünem Laub und stumpfen Blattspitzen; im Frühling grüngelbe Blüten, nachts herrlich duftend.
Dicentra cucullaria: dichte Staude mit farnähnlichem Laub und weißen Blütenmedaillons mit gelber Spitze im Frühling.
Itea ilicifolia: stechpalmenartige, wenn auch weniger scharf gezähnte Blätter; lange Troddel kätzchenähnlicher, grünlich-weißer Blüten im Sommer. Erfordert einen geschützten Standort und kann bis zu 2,40 m hoch werden.
Polystichum falcata var. *fortunei:* ein Ilexfarn, der auch im Freiland gedeiht, mit glänzenden, einfach gefiederten Wedeln.
Viola hederacea: lila oder weiße Blüten bildende kriechende Staude, die sich zu Matten ausbreitet.

UNTEN *Pieris japonica,* eine Lavendelheide mit unauffällig gefärbtem Austrieb, besticht durch ihre hängenden Blütenrispen aus weißen Glöckchen, denen sich hier die leuchtendmagentaroten Blütentrauben eines Lerchensporns entgegenrecken.

Immergrüne Sträucher für saure Böden

Gärten mit einem sauren Milieu werden meist von einer einzigen Gattung, dem *Rhododendron*, dominiert. Eine Auswahl davon finden Sie im letzten Kapitel: »Die wichtigsten Pflanzen für den schattigen Garten«. Am einfachsten lassen sich die winterharten Hybriden kultivieren. Sie sind so anspruchslos wie *Aucuba japonica* und Lorbeerkirschen, nur brauchen sie unbedingt einen kalkfreien Boden. Diese für gewöhnlich recht großen Sträucher tun sich nicht durch ihr Laub, sondern durch ihre Blütenpracht hervor. Das Farbspektrum beschränkt sich hauptsächlich auf Weiß, Rosa, Lila und Mauve. Es gibt weder reine Rottöne (*Rhododendron* ›Britannia‹ kommt einem klaren Scharlachrot noch am nächsten) noch reine Blautöne. Da die winterharten Hybriden so einfach zu kultivieren sind, können sie in einem Garten, der für anspruchsvollere Gewächse noch nicht ausreichend Schutz bietet, die erste Pflanzengeneration stellen oder als Randbepflanzung dienen, in deren Obhut edlere Rhododendren und weitere, weniger derbe Sträucher, die ein saures Milieu lieben, gedeihen können.

Viele *Rhododendron*-Arten sind Sträucher oder auch Bäume von herausragender Schönheit, aber nicht alle sind einfach zu kultivieren. Man pflanzt sie in sauren, stark laubhaltigen Boden und muß darauf achten, daß die Oberfläche des Wurzelballens mit der Erdoberfläche abschließt. Nach kräftigem Angießen sollte Laubstreu oder Rindenmulch aufgetragen werden, damit der Boden immer etwas feucht bleibt und die Wurzeln durch den lockeren Mulch dennoch belüftet werden.

Manche Rhododendren zeichnen sich nicht nur durch ihre Blütenpracht, sondern auch durch eine auffällige Rinde oder schöne Blätter aus, die entweder besonders groß oder unterseits mit einem silbrigen, fuchsroten oder tiefbraunen Filz versehen sind, zum Teil auch eine Kombination von beidem aufweisen. Die Kultur von großblättrigen Rhododendren erfordert optimale Bedingungen, d. h. einen kühlen, feuchten Boden und hohe Luftfeuchtigkeit. Arten mit kleineren Blättern und interessantem Filzüberzug auf der Blattunterseite sind im allgemeinen weniger anspruchsvoll.

Den idealen Kompromiß sehen die meisten Gärtner in der Gruppe der sogenannten Artbastarde, die das Ergebnis einer Kreuzung zwischen zwei verschiedenen Arten sind, oder in den Hybriden, von denen zumindest ein Elternteil eine reine Art ist. Sie bewahren viel von der Eleganz der Wildarten und sind gleichzeitig besser an Gartenverhältnisse angepaßt. Die berühmten Loderi-Rhododendren sind Artbastarde, während bei Kreuzungen des scharlachroten *R. griersonianum* und des gelben *R. campylocarpum* mit verschiedenen Hybriden jeweils die Blütenfarbe der reinen Art vererbt wurde. So entstanden die scharlachrote ›Fabia‹ und die gelbe Sorte ›Letty Edwards‹.

Auch die meisten anderen immergrünen Sträucher in der großen Familie der *Ericaceae* benötigen einen sauren Boden, so *Kalmia latifolia* (braucht in nördlichen Breitengraden viel Licht, um voll zu blühen), Traubenheide, Scheinbeere und Heidelbeere. *Pieris* ist eine Gattung mit einer ständig wachsenden Anzahl von Cultivaren. Einige wie *P. formosa* var. *forrestii* ›Wakehurst‹ und die eleganten Sorten ›Jermyns‹, ›Firecrest‹, ›Forest Flame‹ und ›Bert Chandler‹ werden hauptsächlich wegen ihres bunten Austriebs angepflanzt. Mit der Zeit werden sie recht groß; für kleine Gärten sind die Kulturvarietäten der mittelgroßen *P. japonica* daher besser geeignet. Sie haben, mit wenigen Ausnahmen

UNTEN Rhododendren setzen im Eingangsbereich dieses Hauses mit Portikus lebhafte Farbakzente und gedeihen im freundlichen Streuschatten eines großen Baumes, der im Sommer außerdem dazu beiträgt, daß sich das Innere des Hauses nicht so sehr aufheizt.

wie z. B. ›Scarlett O'Hara‹, nicht so leuchtende Blätter im Frühling, bringen dafür aber noch schönere Blüten hervor.

Zu den besonders empfehlenswerten, weißblütigen Formen zählen ›Purity‹ mit relativ aufrechten Blütenrispen und die elegante ›White Cascade‹; ›Dorothy Wyckoff‹ und die sehr grazile ›Grayswood‹ tragen im Winter rotbraune Knospen. Noch nicht lange sind rosablühende *Pieris* auf dem Markt: ›Blush‹ und ›Pink Delight‹ weisen beide ein mittleres Rosa auf; aus den purpurnen Knospen von ›Daisen‹ und ›Christmas Cheer‹ sprießen dunkelrosa Blüten; noch dunkler, nämlich von der Farbe verdünnten Bordeauxweins, sind die Blüten von ›Flamingo‹.

Auch Kamelien wachsen in einem neutralen bis sauren Boden und gedeihen in leichtem Schatten gewöhnlich am besten. Sie können im Laufe der Zeit recht groß werden, lassen sich jedoch überraschend gut in Form schneiden und dadurch bei beengtem Standort kompakt halten.

Unter den Kulturvarietäten von *Camellia japonica* finden Sie von einfachen Blüten, die so schlicht sind wie die der Hundsrose, bis hin zu gefüllten Blüten, die so kunstvoll aussehen, als wären sie aus feinem Wachs geschnitten, einfach alles. Die meisten haben glänzende, breite Blätter. *C. saluenensis* mit ihren rosafarbenen Blütentrichtern zu Frühlingsbeginn ist eine Pflanze mit hervorragenden Eigenschaften; die bezaubernde

C. *cuspidata* kann zusätzlich mit tiefkupferrotem bis schwarzem Austrieb auftrumpfen, wenn ihre elfenbeinfarbenen Blüten auch recht klein sind. Die Kreuzung dieser beiden ergab ›Cornish Show‹, wahrscheinlich die beste weiße Gartenkamelie.

Auch in der im Kapitel über »Die wichtigsten Pflanzen für den schattigen Garten« beschriebenen Gruppe der Hybriden zwischen *C. japonica* und *C. saluenensis*, *C. × williamsii*, ist für jeden Geschmack etwas dabei. Kamelien mit einfachen Blüten wie *C. saluenensis* sind ideale Waldsträucher, auch wenn der »Wald« nur durch einen oder zwei Bäume von natürlichem Habitus angedeutet wird. Die Kamelien mit gefüllten Blüten wirken in strengeren Arrangements am besten. Da sie problemlos in Containern gezogen werden können, eignen sie sich beispielsweise hervorragend zum Flankieren einer Eingangstür.

Die Familie der *Proteaceae* kommt grundsätzlich nur für Gärten in warmen Klimazonen in Frage. Gelingt es Ihnen jedoch, nahezu frostfreie Bedingungen mit Schatten und Feuchtigkeit zu kombinieren, so dürfte *Gevuina avellana* in Ihrem Garten gedeihen. Das Laub dieses Großstrauches oder auch kleinen Baumes mit biegsamen Stämmen ähnelt dem einer äußerst üppigen Mahonie: Die dunkel glänzenden, doppelt oder dreifach gefiederten Blätter bestehen aus unbewehrten, daumennagel- bis handtellergroßen Blättchen. Den schlanken Ähren spinnenartiger, elfenbeinfarbener Blüten folgen in Größe und Farbe an rote Kirschen erinnernde Früchte, die eine eßbare Nuß enthalten.

Zwei Sträucher mit buntem Laub lieben ähnliche klimatische Bedingungen: *Cleyera fortunei* hat glatte, spitze, graumarmorierte, rosa überhauchte Blätter mit cremfarbener Umrandung; die oval geschnittenen Blätter der neuseeländischen *Pseudowintera colorata* dagegen weisen eine metallisch-altgold glänzende Oberseite und eine stahlblaue, rosa gefleckte Unterseite auf. Ich habe bis zu 4,50 m hohe Exemplare gesehen, doch wächst diese Pflanze sehr langsam, es sei denn, sie findet optimale Bedingungen vor – feuchten Schatten unter freiem Himmel.

Diese beiden Sträucher bilden zusammen mit *Gevuina avellana* ein exotisch anmutendes Trio für einen warmen, schattigen Garten mit kalkfreiem Boden. Mögliche Partner wären frostempfindliche Farne und *Dianella* mit ihren lapislazulifarbenen Beeren.

OBEN *Gevuina avellana* ist eine der elegantesten Blattschmuckpflanzen für geschützte, schattige Stellen mit hoher Luftfeuchtigkeit. Die junge Pflanze im Windschatten einer Mauer wird schließlich zu einem Großstrauch oder gar Baum heranwachsen. Solange sie noch stark wächst, sind auch ihre Blattwedel besonders groß. Wenn die Blühreife erreicht ist, treibt sie unter Umständen kleinere Blätter.

Ausgewählte sommergrüne Sträucher

Wenn schöne immergrüne Gewächse auch der wichtigste Bestandteil eines Schattengartens sind, so gibt es unter den sommergrünen Sträuchern doch eine Anzahl, die mehr als nur Blüten- oder Beerenschmuck zu bieten haben und auch im Winter attraktiv genug sind, um zum Gerüst und nicht lediglich zum Dekor des Gartens beizutragen.

Die Mehrzahl der uns vertrauten Hortensien mit entweder ballförmigen sterilen oder flachen, an Spitzenhäubchen erinnernden Blütenköpfen, deren Blau auf alkalischen Böden in Rosa übergeht, sind reiner Schmuck. *Hydrangea aspera* ssp. *sargentiana* jedoch, die selbst in dichtem Schatten gedeiht, solange ausreichend Feuchtigkeit zur Verfügung steht, ist ein Großstrauch mit Charakter. Ihre großen Blätter erinnern an dunkelgrünen Samt, ihre stämmigen Triebe sind mit borstigen Zottenhaaren überzogen, und ihre flachen Doldenrispen bestehen aus einem Büschel kleiner, violetter Einzelblüten und einem Kranz steriler, weißer Scheinblüten, die wie kleine Füßchen abstehen. Sie ist nicht dafür geschaffen, zwischen andere Pflanzen gequetscht zu werden, sondern wirkt in Einzelstellung, begleitet nur von einer Unterpflanzung aus Moosen und Farnen, am besten.

Hydrangea aspera ssp. *aspera*, syn. *H. villosa*, ebenfalls ein Großstrauch, hat weniger imposantes Blattwerk, aber dafür um so auffälligere »Spitzenhäubchen« aus fertilen, mauve-rosafarbenen Blüten in der Mitte und sterilen, flieder-mauvefarbenen am Rand. Die Blütenfarbe wird vom pH-Wert des Bodens nicht beeinflußt.

Für saure Böden gibt es kaum einen reizvolleren Strauch als den Scheineller *Clethra delavayi*, einen baumähnlichen Großstrauch mit samtenen Blattunterseiten und Trauben milchweißer Blüten in silbrigen, später rötlichen Kelchen. Eine Unterpflanzung aus immergrünem *Helleborus lividus* verstärkt die Grautöne und bringt zum Frühlingsanfang außerdem zartrosa Blüten hervor.

Vaccinium glaucoalbum (Seite 123) fällt in das gleiche sanfte Farbspektrum und braucht zum Gedeihen den gleichen sauren Laubboden wie *Clethra delavayi*. Zwei hübsche Schneeballarten, die sich ebenfalls nur für kalkfreie Böden eignen, sind *Viburnum furcatum* und *V. lantanoides* (syn. *V. alnifolium*). Beide haben kräftige, ovale Blätter mit einer leuchtenden Herbstfarbung in Wein- und Purpurrot und wachsen langsam zu mittlerer Größe heran, wobei ersterer im Habitus aufrechter ist.

Disanthus cercidifolius, ein Verwandter der Zaubernuß mit ähnlich intensiver Herbstfärbung, hat ebenfalls rundliche Blätter von beträchtlicher Größe. Im Gegensatz zu den meisten anderen Sträuchern scheint er sich eingezwängt zwischen anderen Gewächsen durchaus wohl zu fühlen.

OBEN *Hydrangea aspera* ssp. *sargentiana* mit ihren großen, samtigen, dunkelgrünen Blättern und Blütendolden, die wie kleine, lila Schildkröten aussehen, zählt zu den vornehmsten unter den sommergrünen Sträuchern. Hier steht sie hinter einer ungestutzten *H. arborescens* ›Annabelle‹, deren weiße Doldentrauben zwar nicht besonders groß sind, dafür aber in Hülle und Fülle erscheinen.

Die Zaubernuß (*Hamamelis*) selbst wächst mit der Zeit zu einem imposanten Strauch heran: Ihr kräftiges Laub färbt sich im Herbst gelb, orange oder rot, ähnlich den Farbtönen ihrer spinnenartigen, herb duftenden Blüten im Winter. Diese verlocken zum Abpflücken, doch ist es ratsam, sich auf kleine Zweige für niedliche Sträußchen zu beschränken, da die Zaubernuß nur langsam wächst und an Schnittstellen nicht so schnell wieder ausschlägt. Die erste Kulturvarietät der Chinesischen Zaubernuß (*Hamamelis mollis*) mit Namen ›Coombe Wood‹ – immer noch eine der schönsten, wenn auch selten im Angebot der Baumschulen enthalten – besitzt große, gelbe, spinnenförmige, stark duftende Blüten. Kräftigere Töne zeigt die später blühende Sorte ›Goldcrest‹, deren goldgelbe Blüten am Grund weinrot überlaufen sind, sowie ›Brevipetala‹, deren dicht gebüschelte Blüten ins Orange spielen.

Auch Japan hat seine Zaubernuß, *H. japonica*. Sie besitzt kleinere Blätter als die Chinesische Zaubernuß (*H. mollis*), und ihre Blüten aus gedrehten, wie zerknittert wirkenden Petalen duften weniger intensiv. *H. japonica* var. *arborea*, die an ihrer horizontalen Aststruk-

UNTEN Die gelben Blüten der Zaubernuß erscheinen im Winter an kahlen Zweigen und kommen am besten vor einem dunklen Hintergrund zur Geltung. Besonders schön ist *Hamamelis × intermedia* ›Pallida‹ mit hellzitronengelben Blüten und einem wunderbaren, würzig-süßen Duft. Die Zaubernuß wächst zunächst nur langsam, braucht mit zunehmendem Alter aber recht viel Platz, da sie sich zu einem ausladenden Strauch entwickelt, der das Zurückschneiden nicht gut verträgt.

tur zu erkennen ist, mag aufgrund ihrer hohen Gestalt vielleicht noch am ehesten als Baum gelten. Am spätesten aus dieser Gruppe blüht ›Zuccariniana‹, eine Sorte mit zitronengelben, innen grünstichigen Blüten zum Frühlingsbeginn.

Unter den Hybriden namens *H. × intermedia* zwischen Chinesischer und Japanischer Zaubernuß befinden sich zahlreiche Cultivare mit orangefarbenen oder roten Blüten und dazu passender Herbstfärbung in Zinnoberrot und Kupfer-Orange-Tönen. ›Jelena‹ hat große, kupferfarbene Blüten, und die Blütenfarbe von ›Ruby Glow‹ ist sogar noch kräftiger, geht allerdings mehr ins Braunrot als ins Rubinrot. Ein Rot, das so tief ist wie die Farbe von Ochsenblut, zeigt ›Diane‹, aber ich bevorzuge dennoch die etwas blassere Sorte ›Feuerzauber‹, da sie unter den rotblühenden die einzige ist, die duftet. Ein Teppich aus purpurblättriger *Tellima grandiflora* ›Purpurea‹ zu ihren Füßen trägt zu einem für die Jahreszeit ungewöhnlich farbenprächtigen Arrangement bei. Zu den schönsten Zaubernuß-Hybriden gehört die wundervoll duftende ›Pallida‹, die sehr viel reizvoller ist, als der lateinische Name vermuten läßt, denn ihre Blüten sind ganz und gar nicht fahl, sondern von einem bezaubernden, blassen, klaren Zitronengelb, das sich am besten gegen einen dunklen Hintergrund, wie beispielsweise eine Eibenhecke aus *Taxus baccata,* oder gegen die glänzende Belaubung von Steinlinden abhebt. Die später eingeführte Hybride ›Moonlight‹ wartet mit einem sanften Zitronengelb, ›Sunburst‹ mit langen, leicht gedrehten, knallgelben Blütenblättern auf. Die leuchtendste Herbstfärbung zeigt die gelbblühende *H. vernalis* ›Sandra‹, deren junge, im Frühling sprießende Blätter weinrot getönt sind und auf der Unterseite bis in den Herbst hinein einen Hauch von Pflaumenlila beibehalten, bevor sie dann in einem wahren Farbenzauber von Scharlachrot und Orange noch einmal auflodern. In durchbrochenem oder lichtem Schatten gedeiht die Zaubernuß in nahezu jedem humusreichen Boden, es sei denn, er besteht überwiegend aus Kalk.

Die gleichen Bodenansprüche stellt auch die Eichenblättrige Hortensie, *Hydrangea quercifolia*, ein kleiner Strauch, der weniger aufgrund seiner weißen »Spitzenhäubchen« als vielmehr wegen der leuchtenden Herbsttöne seiner kräftigen, zackig gelappten Blätter geschätzt wird. Dekorative Gehölze wie diese verwischen die Grenzen zwischen Grundstruktur und zierenden Elementen eines Gartens. Zumindest ein paar der im folgenden Kapitel »Dekorative Gestaltungselemente« beschriebenen Sträucher könnten deshalb genausogut auch hier aufgeführt werden.

SEITE 53 OBEN Bodendecker haben in einer Umgebung von Sträuchern das ganze Jahr über dekorativen Wert. Das großflächige, ledrige Laub der Bergenien kontrastiert mit den kleinen, rundlichen Blättern des Porzellanblümchens *(Saxifraga umbrosa)* und den Schwertblättern der *Iris foetidissima* ›Variegata‹. Im Hintergrund sind silbern gefleckte *Brunnera macrophylla* ›Langtrees‹, *Helleborus argutifolius* und *Akanthus* zu erkennen.

SEITE 53 UNTEN *Epimedium perralderianum* entfaltet seine jungen blassen Blätter über dem älteren und dunkleren Laub, das hier unter einem Apfelbaum einen soliden, unkrautverdrängenden Sockel bildet, der von den lavendelblauen Blütentrauben einer *Campanula latiloba* überragt wird.

Bodendecker

Es mag seltsam erscheinen, Bodendecker in einem Kapitel über die Grundstruktur eines Gartens aufzuführen, doch bieten diese Pflanzen weit mehr als nur ein Mittel, um Unkraut fernzuhalten. Richtig eingesetzt können sie auch in der Gartengestaltung eine wichtige Rolle spielen, indem sie verschiedene Pflanzgruppen harmonisch verbinden und für die horizontale Gestaltung von ähnlicher Bedeutung werden wie immergrüne Sträucher (inklusive geschorener Hecken, sofern sie sich in das Design einfügen) für die vertikale Gliederung.

Die Hauptdarsteller in dieser ästhetischen – im Gegensatz zu einer rein funktionalen – Rolle sind niedrige, immergrüne Sträucher, denn unter den nichtverholzenden Stauden gibt es, selbst wenn sie immergrün sind, kaum welche, die attraktiv genug sind, um bestehen zu können. Eine wichtige Ausnahme allerdings stellen die Bergenien dar.

Eine Auswahl dieser Stauden finden Sie im Kapitel über »Die wichtigsten Pflanzen für den schattigen Garten«. Ihr kräftiges, ledriges Laub verleiht so mancher Pflanzung, die andernfalls etwas kümmerlich wirken würde, mehr Fülle und Geschlossenheit. Sie

Mahonia aquifolium
Als dieser Strauch 1823 erstmals in Europa gezüchtet wurde, war er bei einem Stückpreis von 30 DM (damals etwa die Entsprechung dreier Monatsgehälter eines ausgebildeten Gärtners) nur für Reiche erschwinglich. Innerhalb von 15 Jahren sank der Stückpreis auf 75 Pf., und kurz vor Ausbruch des Ersten Weltkrieges kosteten 1000 kleinere Pflanzen nur noch 4,50 DM. Damit war die Mahonie billig genug, um als immergrüne Bepflanzung großer Wildgehege eingesetzt zu werden. Die Beeren von *Mahonia aquifolium*, die sich zu Marmelade ähnlich schwarzer Johannisbeerkonfitüre verarbeiten lassen, waren gewiß auch für die Fasane ein Leckerbissen.

gedeihen auf fast jedem Boden, zeigen im Winter bei einigen Sonnenstunden am Tag eine leuchtende Laubfärbung und harmonieren besonders gut mit Stein.

Die immergrüne Elfenblume (*Epimedium*), ein ebenso effektiver Unkrautverdränger, setzt ganz andere Akzente: Ihre Blättchen formen zarte Muster, unterstrichen durch das von ihrer blanken Oberfläche reflektierte Licht. Die Haselwurz (*Asarum europeum*) mit ihren ebenso glänzenden, fast kreisrunden oder nierenförmigen Blättern breitet sich auf kühlen Böden rasch aus.

Die ledrigen, wie mit Klarlack überzogenen, ähnlich gerundeten Blätter der *Galax urceolata* (syn. *G. aphylla*) leuchten im Winter wie poliertes Mahagoni. Im Frühsommer erscheinen schlanke Ähren weißer Blüten. Bei einem kalkfreien Laubhumusboden stellt diese erlesene Waldpflanze als Unterpflanzung von roter Zaubernuß eine außergewöhnliche, wenn auch sehr viel teurere Alternative zu *Tellima grandiflora* dar.

Die schmalen, glänzenddunkelgrünen Blätterhalme der *Liriope muscari* schaffen einen interessanten Kontrast zu breitblättrigem Laub. Mit ihrem grasartigen Wuchs bis zu einer Höhe von 30 cm bildet sie ebenfalls eine dichte Bodendecke. Im Herbst kommen Ähren leuchtendmalvenfarbener Blüten zum Vorschein, die wie glänzende Perlen aussehen und an Traubenhyazinthen erinnern. Die Sorte ›Monroe's White‹ hat weiße Blüten. Im Frühling sollte man die Pflanzen mit einer Heckenschere zurückschneiden, um sie von altem, unansehnlichem Winterlaub zu befreien und frischen Austrieb zu fördern.

Eine lockere Pflanzenmatte für Stellen, die zwar kühl, aber nicht allzu dunkel sind, läßt sich mit dem weißblühenden Sandkraut (*Arenaria balearica*) erzielen, auch das wegen seines starken Expansionsdrangs gefürchtete und leider bei uns nicht winterharte Bubiköpfchen (*Soleirolia soleirolii,* syn. *Helxine soleirolii*) kommt in Frage, wenn es darum geht, einen dichten, grünen Teppich zwischen Sträuchern anzulegen.

Das Bubiköpfchen sollte man jedoch niemals in die Nähe kleiner Pflanzen bringen, und auch anderswo muß man es unter Umständen büschelweise herausreißen, damit es nicht außer Kontrolle gerät. Die maßvollere Laugenblume (*Leptinella,* früher *Cotula*) bildet dichte, flache Polster wie aus winzigen Farnen. *Leptinella squalida* hat bronzefarbene Blätter und cremefarbene, flache Blütenköpfchen; die etwas höhere *L. potentillina* dagegen ist grün belaubt.

Die meisten anderen als Bodendecker empfohlenen immergrünen Stauden mögen nützlich sein, doch fehlt ihnen die großzügige Geschlossenheit und blickdichte Fülle der hier vorgeschlagenen Spezies. Außerdem sind sie möglicherweise zur Unkrautbekämpfung weniger geeignet. Einige von ihnen dünnen nämlich in der Mitte aus, während sie ihren Eroberungszug fortsetzen und sich an den Rändern ausdehnen, und lassen Unkraut so wieder zum Zug kommen.

Aus diesem Grund zähle ich kleine Taubnesseln (*Lamium), Tellima grandiflora*, Schaumblüten (*Tiarella*), Veilchen wie *Viola labradorica*, ein Schaumkraut wie *Cardamine trifolia*, Günsel *(Ajuga),* moosige Steinbrechgewächse und Porzellanblümchen *(Saxifraga)* eher zu den Pflanzen für die dekorative Ausstattung des Gartens und weniger zu denen, die seine Grundstruktur festlegen.

Die meisten Koniferen bevorzugen einen offenen, sonnigen Standort. Während die Formen der Eibe, *Taxus baccata,* mit gelber Benadelung mehr Sonne brauchen, zeigen ihre grünen Varianten im Schatten gutes Gedeihen. Die breitwüchsige Sorte ›Repandens‹ wächst schnell zu einem dunkelgrünen Dickicht zusammen. Der einzelne Strauch wird dabei nicht höher als einen halben Meter und erreicht einen Durchmesser von etwa 90 cm.

Eine weitere äußerst schattenverträgliche Pflanze ist der Wacholder *Juniperus chinensis* ›Pfitzeriana‹, mit ausladenden Ästen, die im Winkel von 45 Grad vom Stamm abstehen und mit federartigen, an der Spitze überhängenden Zweigchen voll weicher, grüner Nadeln besetzt sind. An Anpassungsfähigkeit ist dieser Wacholder kaum zu schlagen. Da er sich auch in der Sonne wohl fühlt, kann er als Bindeglied zwischen tiefem Schatten und voller Sonne verwendet werden. Seine angewinkelten Äste bilden einen reizvollen Kontrast zu Traubenkirschen und dem flachen Wuchs eines Schneeballstrauchs wie beispielsweise *Viburnum plicatum* ›Mariesii‹.

Ein solch eigenwilliges Trio braucht sehr viel Platz. Wenn diese raschwüchsigen Wacholder größer werden, als Ihnen lieb ist, können Sie sie zurückschneiden – aber um Himmels willen, stutzen Sie sie nicht einfach! Verfolgen Sie einzelne Zweige bis zu einer geeigneten Gabelung zurück, und schneiden Sie den längeren Zweig hier ab. Auf diese Weise bleibt die charakteristische Gestalt des Gehölzes gewahrt.

Auf sauren Böden eignen sich mehrere niedrige Sträucher aus der Familie der *Ericaceae* für die Doppelrolle als Unkrautverdränger und Mittler zwischen sehr unterschiedlichen Pflanzungen. Neben der immergrünen Scheinbeere *Gaultheria procumbens* wäre da die Preiselbeere (*Vaccinium vitis-idaea*), mit ebenso auffälligem, rotem Beerenschmuck, und ihre erlesene Kulturvarietät ›Koralle‹. Die winzigen Blätter der Gemeinen und der Großfruchtigen Moosbeere, *Vaccinium oxycoccus* und *V. macrocarpon,* bilden dicht über der von Moosbeeren so geschätzten feuchten Lauberde eine geschlossene Decke. Bei der Ansiedlung von *Ericaceae* zwischen Rhododendren jedoch muß man achtgeben, daß sie diese nicht zu sehr bedrängen.

Das größere Pendant zur Traubenheide *Leucothoë keiskei* (siehe Seite 121) ist *L. fontanesiana* mit zugespitzten, glänzenden Blättern, die sich im Herbst kupfern verfärben, und weißen, urnenförmigen Blüten, die im Frühling von den gebogenen Zweigen hängen. Ihre panaschierte Sorte ›Rainbow‹ mit rosa, cremefarben und gelb marmorierten Blättern hat in Einzelstellung

OBEN Das regelmäßige Muster der Farnbüschel inmitten eines dichten Teppichs aus *Pachysandra terminalis* läßt die schlanken, weißen Birkenstämme und die dunkle Eibe im Hintergrund schön zur Geltung kommen. Sobald der langsam wachsende Ysander Fuß gefaßt hat, beschränkt sich die Pflege dieser unkomplizierten Bepflanzung im wesentlichen auf das Entfernen abgestorbener Farnwedel.

durchaus ihren Reiz, doch in der Gruppe wirkt sie zu unruhig, um einen sanften Übergang zu anderen Pflanzungen zu schaffen.

Auch wenn *Pachysandra terminalis* nichts mit der Familie der *Ericaceae* zu tun hat, fühlt sie sich doch in einem leichten, kalkfreien Boden im Schatten, und dies selbst unter Bäumen, am wohlsten und breitet sich hier schnell zu einem leuchtendgrünen Teppich gezähnter, in endständigen Büscheln angeordneter Blätter aus.

Was Kalkböden betrifft, so wurden die Vorzüge der *Mahonia nervosa* bereits beschrieben (Seite 45). Hier ließen sich die besten Auslesen der höheren und raschwüchsigeren *M. aquifolium* anfügen, wie z. B. ›Smaragd‹ mit glänzenden Blättern, die im Winter von Grün in Bronze übergehen, und ›Apollo‹ mit zarten Trauben leuchtendgelber Blüten im Frühling. Der Efeu, nicht zu vergessen, gedeiht fast überall. Für unsere Zwecke kommen insbesondere Kulturvarietäten von *Hedera helix* mit hübschem, grünem Laub und dichtem Wuchs wie ›Très Coupé‹, ›Shamrock‹ oder ›Ivalace‹ in Frage. Für gewöhnlich begnügen sie sich selbst in kleinsten Gärten mit dem ihnen eingeräumten Platz. Für großzügigigere Flächen bietet sich *Hedera colchica*, für wirklich weitläufige Areale die in Irland beheimatete, stark wuchernde, nichtkletternde *H. hibernica* an. Die niedrigen, breitwüchsigen Sorten des immergrünen Kirschlorbeers (*Prunus laurocerasus*) ›Otto Luyken‹ mit senkrechten Stämmen und schmalen Blättern sowie die nahezu horizontal wachsende ›Zabeliana‹, die mit ihren schlanken Trieben und Blättern große Fächer bildet, stellen keine besonderen Ansprüche an den Boden und werden sogar mit bindigem Lehm fertig. Ihre Blätter sind zwar kleiner als die des typischen Kirschlorbeers, weisen aber die gleiche glänzende Oberfläche auf. ›Zabeliana‹ bringt es in kurzer Zeit zu einem beträchtlichen Umfang und eignet sich nur für größere Gärten.

Farne

Farne stellen eine Verbindung her zwischen der Grundstruktur des Gartens und seiner dekorativen Ausstattung. Ihre Schönheit lädt zur Betrachtung aus der Nähe und zum Anlegen reiner Farnpflanzungen ein – womit sie in die Gruppe der Liebhaberpflanzen aufrücken. Ohne ihre lichte, grazile, elegante Erscheinung ist ein schattiger Garten undenkbar.

Manche unter ihnen eignen sich gar als Bodendecker: Die niedrige, kriechende Seefeder (*Blechnum penna-marina*) bildet auf feuchten, möglichst kalkfreien Böden einen dichten Teppich. Sie verträgt sich hervorragend mit *Cyclamen hederifolium*, einem Alpenveilchen, dessen marmorierte Blätter just dann erscheinen, wenn der Farn am wenigsten attraktiv wirkt. Auf Kalkböden fühlt sich der Hirschzungenfarn (*Phyllitis scolopendrium*) mit seinen immergrünen Wedeln aus ungefiederten, leuchtendgrünen Blättern mit gezahnten oder gekrausten Rändern wohl.

Im Kapitel über »Die wichtigsten Pflanzen für den schattigen Garten« gebe ich eine Auswahl der Farne, die ich in einem Schattengarten nicht missen möchte (Seite 112). Wer ihren Charme einmal entdeckt hat, wird sie immer wieder pflanzen. Sie gedeihen ohne Ausnahme am besten in lockerem Laubboden. Schweren Ton oder kalkhaltigen Boden sowie sehr warme oder windige Standorte, an denen ihre Wedel vertrocknen, mögen sie überhaupt nicht.

Gut durchfeuchteten Boden lieben Straußenfarn (*Matteuccia struthiopteris*), Königsfarn (*Osmunda regalis*) und Perlfarn (*Onoclea sensibilis*). Das gilt noch viel mehr für den sich in Niederungen ansiedelnden Sumpffarn, *Thelypteris palustris,* der auch im Wasser stehen kann, sich aber im Vergleich mit der Pracht der anderen Uferfarne eher bescheiden ausnimmt.

Die Vermehrung von Farnen

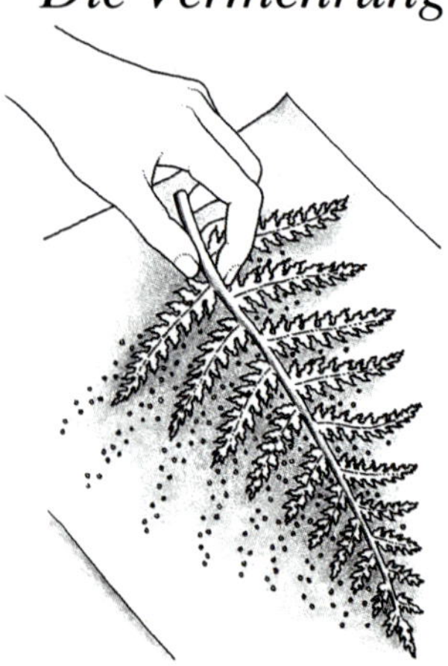

Farnsporen sind normalerweise im Spätsommer oder frühen Herbst reif. Sie sind braun und von pudriger Substanz, so daß sie leicht weggeblasen werden. Um sie zu sammeln, halten Sie einfach einen Wedel über ein Blatt Papier, klopfen ihn ab und wickeln Ihre Beute ein.

Sie können die Sporen in trockenem Zustand bis zum Winterende im Kühlschrank aufbewahren oder sie sofort in mit feuchtem, gut ausgedrücktem Torfmoos gefüllte Töpfe säen. Die Töpfe werden mit transparenter Plastikfolie oder Glas abgedeckt und drinnen an einem schattigen Platz aufgestellt.

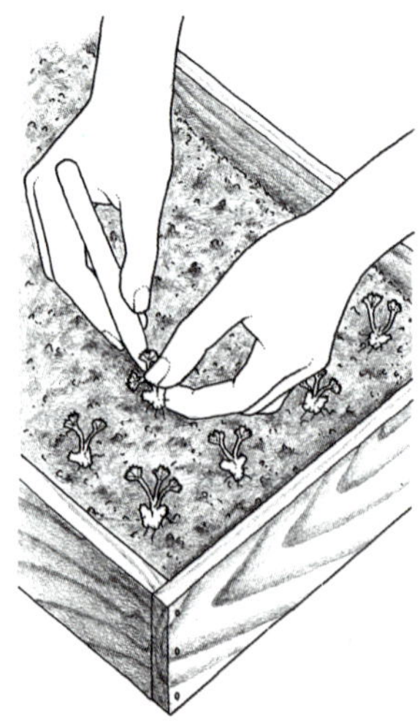

SEITE 56 Farne in Töpfen sind ein ungewöhnlicher Anblick – dieser hier steht in einem verzierten Steingefäß, umgeben von weiteren Farnen, die direkt in den Boden gepflanzt wurden. Das Motiv ihrer gefiederten Wedel wird von den geteilten, wenn auch ganz anders strukturierten Blättern der Tränenden Herzen mit ihren rosa und weißen Medaillonblüten variiert.

Die einzigen Farne, die zumindest zeitweilige Trockenheit überstehen, sind Wurmfarn (*Dryopteris filix-mas*), Goldschuppenfarn (*D. affinis*), Engelsüß (*Polypodium vulgare*) und Schildfarn (*Polystichum setiferum*). Erlesenere Formen des Schildfarns würde ich allerdings nur dort riskieren, wo optimale Bedingungen gegeben sind.

Baumfarne eignen sich nur für wirklich warme, geschützte Standorte in schattiger Lage. Mit ihren borstigen Stämmen und riesigen, weit über mannshohen Wedeln erwecken sie das Bild von Urlandschaften. Wenn die Sonnenstrahlen durch ihr Laubdach dringen, zeigt sich ihr feines, filigranes Muster. Der am wenigsten frostempfindliche Baumfarn ist wahrscheinlich *Dicksonia antarctica,* und wenn dieser bei Ihnen gedeiht, können Sie es mit *D. fibrosa* und *D. squarrosa* mit goldbraunem bzw. nahezu schwarzem Stamm probieren. Diese beiden gelten allerdings als deutlich weniger winterhart.

Auch die Gattung *Cyathea* braucht ein frostfreies Klima, wobei *Cyathea dealbata* ein oder zwei Grade unter Null wohl noch am ehesten aushält. Außerdem verdienen *C. cooperi* und *C. medullaris* Erwähnung. Bei letzterem ist der Mittelnerv der Wedel schwarz behaart. Mit zunehmender Größe des Stammes bieten alle diese Farne unter ihren Wedeln Platz für kleinere Pflanzen und werden so wiederum selbst zu Schattenspendern.

Auch *Nephrolepis cordifolia* ist nur etwas für frostfreie Klimazonen, wohingegen die Schildfarne, *Polystichum falcatum* und *P. falcatum* var. *fortunei* (syn. *Cyrtomium falcatum* und *C. fortunei*) ein paar Minusgraden durchaus standhalten. Ihre glänzenden, immergrünen Wedel haben gröbere Konturen als die der Filigranfarne.

Kein Farn sollte der optischen Konkurrenz durch andere Pflanzen gleicher Wuchshöhe ausgesetzt werden. Trichterbildende Arten wirken am besten in Einzelstellung inmitten von Moos oder Laubstreu. Sobald sich eine zweite Krone bildet, verschwimmen ihre charakteristischen, klaren Konturen.

Nebenkronen sollten deshalb besser abgetrennt und an einen anderen Platz gesetzt werden. Viele Farne können auf diese Weise oder durch die Teilung kriechender Wurzeln vermehrt werden. *Cystopteris bulbifera* ist insofern ungewöhnlich, als sie erbsengroße Brutknospen in den Achseln ihrer Fiedern trägt. Wenn Sie diese Bulbillen in mit Torfmoos gefüllte Saatschalen setzen, können Sie die heranwachsenden Pflanzen unter Ihrer Aufsicht behalten, bis sie groß genug sind, um für sich selbst zu sorgen.

Farne produzieren keine Samen, sondern tragen Sporen auf der Unterseite ihrer Wedel. Wenn diese Sporen keimen, entstehen winzige, herzförmige Pflänzchen, die Prothallien genannt werden. Diese Prothallien bringen wiederum Sämlingen entsprechende Sporophyten hervor.

Wo immer Farne Schatten und Feuchtigkeit vorfinden, säen sie sich gern selbst aus: an bemoosten Ufern, auf alten Baumstümpfen, zwischen Pflastersteinen, in schattigen Felsspalten oder Mauerritzen. Robustere Farne wie Hirschzungenfarn (*Phyllitis scolopendrium,* syn. *Asplenium scolopendrium*) und Engelsüß (*Polypodium vulgare*) begnügen sich manchmal selbst mit einem trockenen Untergrund, und auch Zwergfarne wie Steinfeder (*Asplenium trichomanes*), Schwarzstieliger Milzfarn (*A. adiantum-nigrum*) und Schriftfarn (*Ceterach officinarum*) gedeihen an trockenen Mauern. Der Schriftfarn schrumpft bei anhaltender Trockenheit so stark zusammen, daß er wie abgestorben aussieht, doch beim nächsten Regenfall rollt er seine grünen, unterseits rostfarbenen Wedel wieder aus, als sei nichts gewesen.

In kurzer Zeit entwickeln sich die Prothallien, und später erscheinen die eigentlichen, winzigen Farnwedel. Sobald sie groß genug sind, um sie zu fassen, pikiert man sie in Kasten mit Torfmoos. Hier bleiben sie, bis sie robust genug sind, um ins Freie umzuziehen. Dort sollten sie feucht gehalten und vor austrocknendem Wind geschützt werden, besonders solange sie noch klein sind.

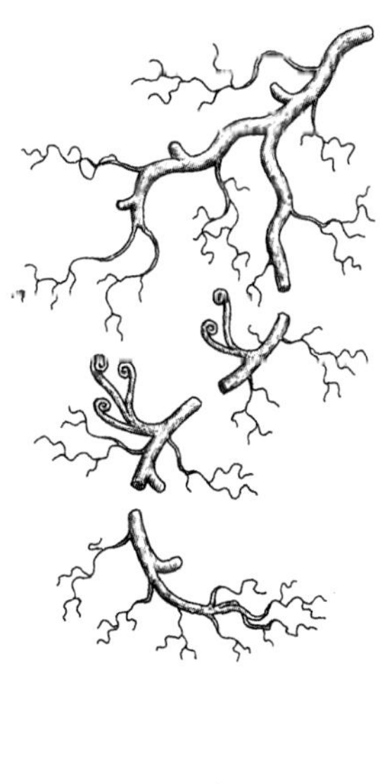

Farne mit kriechenden Wurzeln wie Straußenfarn, Eichen- und Buchenfarn, Perlfarn und viele andere lassen sich durch Teilung vermehren. Dies sollte am besten zu Herbstbeginn oder sehr zeitig im Frühling geschehen.

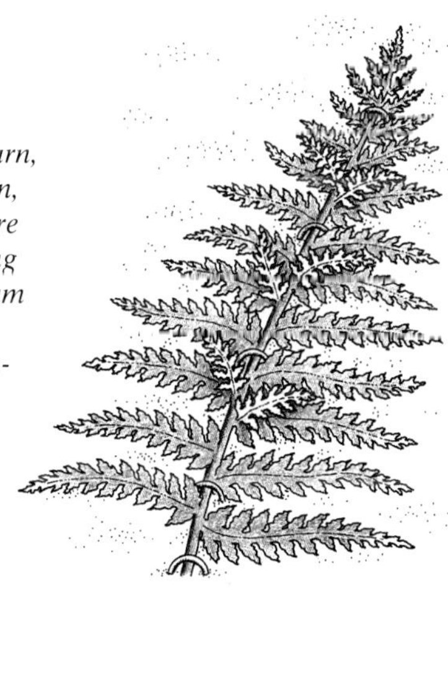

Schildfarne bilden an der Mittelrippe ihrer Wedel junge Pflanzen, die vermehrt werden können, indem man sie einfach mit dem Wedel, an dem sie sitzen, zu Boden drückt oder auch abtrennt und in eine mit Torfmoos gefüllte Schale in einen geschlossenen Kasten setzt.

DEKORATIVE GESTALTUNGSELEMENTE

Ein neu eingerichteter Raum nimmt erst Gestalt an durch persönliche Dinge, wie ein Bild an der Wand, ein Bücherbord, ein Familienfoto. Nicht viel anders verhält es sich mit einem Garten, der erst durch die flüchtigen Effekte von Blüten und wechselndem Laubschmuck seine endgültige Gestalt und persönliche Note erhält. Die dekorativen Elemente in einem schattigen Garten werden immer seine Eigenheiten hervorheben – verhaltene Eleganz, feine Zeichnung und sanfte Farben. Und selbst farbige Bereiche im Schattengarten werden im Vergleich zu den buntleuchtenden Blumenrabatten sonniger Gärten eher ruhig und friedlich wirken.

Mit Schattenpflanzen lassen sich großzügige Effekte erzielen; oft wirken sie aber besonders durch feine Details. Hier bilden die tellergroßen Blätter der *Astilboides tabularis* (syn. *Rodgersia tabularis*), die ihre frische, grüne Färbung den ganzen Sommer über behalten, in einer unkrautverdrängenden Pflanzung unter Bäumen einen augenfälligen Kontrast zu den niedlichen Blüten der *Claytonia sibirica* (syn. *Montia sibirica)*.

Schattenrabatten

OBEN Die breiten, kräftigen Blätter der Funkien bilden einen reizvollen Kontrast zum lanzenförmigen Laub der Schwertlilien. Hier wurde eine üppige Pflanzung aus *Hosta montana* ›Aurea Marginata‹ und einer einzelnen *H. sieboldiana* var. *elegans* mit einer großzügigen Gruppe *Iris sibirica* kombiniert. Als Bodendecker fungiert das Immergrün *Vinca minor* ›Argenta Variegata‹.

SEITE 61 Das filigrane Laub der Tränenden Herzen mischt sich unter die silbrigen Wedel des *Athyrium niponicum* ›Pictum‹ und die trichterförmig angeordneten Wedel des Wurmfarns. Auch an Blüten wie Maiglöckchen, Tränendes Herz und *Aquilegia* ›Nora Barlow‹ mangelt es nicht.

Natürlich kann man eine Rabatte mit Blumen und hübschem Laub genausogut wie in der Sonne auch im Schatten anlegen – sie wird nur einen ganz anderen Charakter haben. Wahrscheinlich wird die Schattenrabatte weitaus schönere Blätter aufweisen als ein konventionelles Blumenrandbeet, was aber eine Vielzahl von Blüten nicht ausschließt.

Unter den Blattschmuckstauden für Schattenrabatten erfreut sich die Funkie, von der Sie im Kapitel »Die wichtigsten Pflanzen für den schattigen Garten« eine Auswahl finden, besonderer Beliebtheit. Es gibt grüne, goldgelbe, blaue und panaschierte Funkien mit den verschiedensten Blattgrößen, von nicht viel mehr als Daumennagel- bis hin zu weit mehr als Tellergröße. Manche Funkien bringen außerdem sehr hübsche Blüten hervor.

Obwohl es durchaus auch langsam wachsende Arten unter den Funkien gibt, breiten sich die meisten großwüchsigeren Spezies in nährstoffreicher, feuchter Erde doch relativ schnell aus. Sobald ein Wurzelballen groß genug ist, können Sie Ihre Pflanze vermehren, indem Sie Keile aus dem Wurzelballen herausschneiden (siehe auch Seite 103). Die Abtrennung eines oder zweier solcher Teilstücke macht einem kräftigen Ballen selbst im ersten Jahr kaum etwas aus. Diese Keile werden dazu verwendet, neue Pflanzungen anzulegen oder aber die ursprüngliche Pflanzgruppe zu vergrößern, denn die eine oder andere großzügige Gruppe kräftigen Blattschmucks läßt selbst einen kleinen Garten ruhig und geschlossen wirken.

Die für gewöhnlich breiten, immer aber ungeteilten Blätter der Funkien heben sich von den Wedeln der Farne ebenso gut ab wie von dem zart gegliederten Laub von Tränendem Herz und Prachtspieren und den Schwertblättern der Taglilien. All diese Pflanzen mit Ausnahme der Farne besitzen nicht nur sehr ansehnliches Laub, sondern darüber hinaus auch wunderschöne Blüten.

Die giftigen großen gerippten Blätter des Germer werden von langen Blütenähren, schwarzpurpurn beim Schwarzen Germer, *Veratrum nigrum*, alabasterfarben beim Weißen Germer, *V. album*, überragt. *Smilacina racemosa* trägt im Frühling am Ende eines jeden leicht gebogenen Stengels eine kleine Rispe voll gefiederter, duftender, elfenbeinfarbener Blüten.

Pfingstrosen, wie z. B. *Paeonia obovata* ›Alba‹, die noch bezauberndere, gelblich-weiße *P. obovata* var. *willmottiae* sowie *P. mlokosewitschii,* haben becherförmige Blüten und außerdem schöne, ovalgelappte, im Austrieb altrosafarbene oder taubengraue Blätter. Bunter Austrieb im Frühling zeichnet in der Tat die meisten Pfingstrosen aus und bildet den idealen Rahmen zum Pflanzen kleiner Narzissen. Obwohl Pfingstrosen nur recht kurze Zeit blühen, haben sie sich mit ihrer Eleganz und ihrem Laub, das weit über die Blütezeit hinaus dekorativ bleibt, doch auch in kleinen Gärten einen festen Platz verdient.

Der Frauenmantel, *Alchemilla mollis*, ist trotz seiner von manchen Gärtnern gefürchteten Neigung, sich durch Selbstaussaat hemmungslos zu verbreiten, mit seinen gefältelten, rundlichen, samtweichen Blättern, an denen in der Mitte und an den Rändern Wassertropfen haften, und einem gelbgrünen Blütenschleier im Frühsommer eine Blüten- und Blattschmuckpflanze von unschätzbarem Wert für den schattigen Garten. Schneiden Sie nach der Blüte die ganze Pflanze, sowohl die Blüten als auch das Laub, dicht über dem Boden ab und wässern sie gut – in kürzester Zeit treibt sie neue, frische Blätter. Insbesondere in kleinen Gärten sollten die Blüten nicht zu lange stehengelassen werden, da ihre Sämlinge sich sonst schon bald im ganzen Garten ausbreiten.

Die meisten Begonien sind frostempfindlich, doch gibt es eine Art, die im Winter einzieht und auch noch recht niedrigen Temperaturen ohne weiteres standhält. *Begonia grandis* var. *evansiana* hat kräftige, typisch schief-herzeiförmige, fleischige Blätter, die auf der Unterseite eine weinrote Färbung aufweisen, und getönte Knospen, die den ganzen Sommer und Herbst hindurch nickende, rosarote oder weiße Blüten hervorbringen. Im von ihr bevorzugten Schatten zeigt sie üppigen Wuchs und erreicht eine Höhe von mindestens 30 cm. Die Bulbillen, die sie in den Blattachseln bildet, können gesammelt und in Kästen mit Pflanzerde gesetzt wer-

den, bis die neuen Pflänzchen kräftig genug sind, um ins Freie umzuziehen.

Viele schattenverträgliche Stauden, die vor allem wegen ihrer Blüten angepflanzt werden, haben auch noch besonders schönes Laub. Der Eisenhut (*Aconitum*) beispielsweise trägt seine helmartigen Blüten in gedämpftem Blau oder Milchweiß über tief eingeschnittenen, glänzenden Blättern; die meisten Purpurglöckchen *(Heuchera)* weisen dekorativ marmorierte Blätter auf, und Silberkerzen *(Cimicifuga)* strecken ihre langen, weißen Blütentrauben aus einem Sockel mehrfach zusammengesetzter Blätter hervor. Vollkommen ist die Harmonie von Blüten und Blättern bei *Kirengeshoma palmata,* einer japanischen Staude mit Blättern wie von einer Platane oder einem Tulpenbaum, dunklen Stengeln und blaßgelben, wächsernen, trichterförmigen Blüten im Herbst.

Tatsächlich besitzen fast alle für eine Schattenrabatte geeigneten Pflanzen wesentlich attraktiveres Laub als konventionelle Rabattenblumen wie Herbstastern oder Sonnenbraut. Die Blätter des winterfesten Storchschnabels zum Beispiel weisen eine Variationsbreite auf, die von Grün und stark gegliedert bei *Geranium clarkei* ›Kashmir White‹ (syn. *G. pratense* ›Kashmir White‹) bis hin zum schön gezeichneten, gräulichen Samt von *G. renardii* reicht. Japan-Anemonen (*A. hupehensis* var. *japonica*) haben an Weinblätter erinnerndes Laub und sind kräftig genug, um sich zwischen großen Sträuchern zu behaupten. *A.* × *lesseri* mit karminrosa Blüten und die recht bescheidene *A. rivularis* mit weißen, blau angehauchten Blüten wirken wie Zwergformen der Japan-Anemonen.

Astrantia major, die Große Sterndolde, trägt über ihren eingeschnittenen Blättern grünlich-weiße, an Stecknadelkissen erinnernde Blütenköpfe; die Blüten von *A. maxima,* altrosafarben und ebenfalls wie Nadelkissen aussehend, sind noch schöner, und ihre Blätter ähneln denen der Nieswurz. Wer ein Faible für diese etwas ausgefalleneren Farbtöne hat, sollte *A. maxima* zusammen mit *Dicentra formosa* ›Stuart Boothman‹, rosa Akelei und rosa Kälberkropf *(Chaerophyllum hirsutum* ›Roseum‹), *Polemonium reptans* ›Lambrook Mauve‹, tiefrotem *Geranium macrorrhizum* ›Bevan's Variety‹ und rosafarbener *Hyacinthoides hispanica* pflanzen und so eine Gruppierung schaffen, die vom Frühling an für Abwechslung sorgt. Den Hintergrund könnte ein Strauch mit panaschiertem Laub bilden, und wem das noch nicht genug Farbe ist, der kann die Äste des Strauches mit einer malvenfarbenen rankenden *Clematis* vom Typ ›Nelly Moser‹ (im Schatten schöner als in der Sonne) schmücken. Ein Dach aus dem bläulich-grünen Laub der *Sorbus hupehensis* steigert die Wirkung der Rosatöne und erweitert diese im Herbst durch ihre rosa überhauchten Beeren.

OBEN Funkien stehen unter den panaschierten Stauden an erster Stelle. Es gibt aber auch wunderschöne Formen mit reingrünem, blaugrünem oder goldgelbem Laub. Hier belebt *Hosta undulata* eine rasensäumende Pflanzgruppe aus *H. sieboldiana* var. *elegans* und *Juniperus* × *media* ›Old Gold‹.

Rabattenpflanzen mit panaschiertem Laub

Pflanzen mit panaschiertem Laub schaffen es immer wieder, von den Blüten abzulenken und den Blick auf sich zu ziehen. Weiße oder cremefarbene Blattmusterungen bringen helle Effekte in schattiges Areal – vergleichbar dem Leuchten silberblättriger Pflanzen in voller Sonne. Bei gelber Blattmusterung dagegen denkt man an Sonnenstrahlen, die durch ein durchbrochenes Schattendach dringen. Wer solche Licht- und Farbeffekte besonders liebt, dem stehen neben der riesigen Palette an Funkien, die jede denkbare Marmorierung in Grün, Creme, Elfenbeinfarben, Gelb und Weiß bieten, noch weit mehr Pflanzen zur Wahl. Panaschierungen können für einen Gärtner leicht zur Sucht werden, doch sollte man bei aller Verlockung bedenken – nur wenn sie diskret und abseits üppiger Pflanzungen eingesetzt werden, sind sie im schattigen Garten besonders wirkungsvoll.

Eine panaschierte *Astrantia*-Form, ›Sunningdale Variegated‹, besitzt gelappte Blätter mit dicken, blaßgelben Tupfen, die zu Sommerbeginn allmählich in Grün übergehen. Einige Geranien haben ebenfalls Formen mit gemusterten Blättern, so etwa *Geranium macrorrhizum* (in meinen Augen allerdings ohne Panaschierung wesentlich schöner), *G.* × *monacense* ›Muldoon‹ und *G. phaeum*.

Die panaschierten Formen der *Brunnera macrophylla*, ›Dawson's White‹ und ›Hadspen Cream‹, stehen dem reingrünen Typus in nichts nach, wenn sie ihre vergißmeinnichtähnlichen Blüten tragen, und sind auch danach mehr als nur Unkrautverdränger. Die schönste Beinwell-Art, *Symphytum caucasicum* mit azurblauen, röhrenförmigen Blüten, hat reingrüne Blätter. Die Sorte ›Goldsmith‹ besitzt zwar weniger farbintensive Blüten, dafür aber gelb panaschierte Blätter. Auch die großartige *S.* × *uplandicum* ›Variegatum‹ trägt breit cremefarben gerandete Blätter, die im Spätsommer am schönsten sind.

Von den beiden panaschierten Flammenblumen, die mir bekannt sind, ist die eine, *Phlox paniculata* ›Norah Leigh‹, von etwas schwächlichem Wuchs, aber mit ihren blaßlila Blüten außerordentlich hübsch, während die andere, ›Harlequin‹, kräftiger gebaut ist und leuchtendlila Blüten über cremefarben panaschiertem Laub trägt. Die Ausdruckskraft der *Persicaria virginiana* ›Painter's Palette‹ rührt von den blaßgelb gefleckten

Blättern, deren Mitte ein mahagonibrauner, dicker, flach V-förmiger Streifen ziert.

Bunte Gräser, wie etwa *Holcus mollis* ›Albovariegatus‹ und *Molinia caerulea* ›Variegata‹, oder höhere, stark wuchernde Gräser, wie das Rohrglanzgras *Phalaris arundinacea* ›Picta‹ und die rosa überhauchte *Glyceria maxima* ›Variegata‹, haben ebenfalls allesamt aufhellende Wirkung, unterscheiden sich aber im Detail: Insbesondere das Honiggras *(Holcus)* ist im Austrieb fast ganz weiß. Das Flattergras *Milium effusum* ›Aureum‹ ist ein Gras mit weichen, blaßgoldenen Halmen, die sich in kurzer Zeit zu einem dichten Teppich ausbreiten und sich von dunklerem Laub in der Umgebung stark abheben. Zur Blütezeit schießen Fontänen zitronengelber Blütenrispen hoch. Das Flattergras vermehrt sich durch Selbstaussaat. Mit leicht grell getönten Narzissen im Frühling und Wolfsmilchgewächsen *(Euphorbia)* im Spätfrühling und Sommer vereint es sich unter den Zweigen von *Gleditsia triacanthos* ›Sunburst‹ zu einer harmonischen Gemeinschaft in Grüngelb.

Auch unter den laubabwerfenden Sträuchern gibt es einige Exemplare mit panaschierten oder goldgelben Blättern, die im Sommer einiges zum Gartendekor beitragen können. Der strauchige Hartriegel *Cornus alba* bietet verschiedene Kulturformen, von der weiß gerandeten *C. alba* ›Elegantissima‹ (einem idealen Klettergerüst für *Clematis* ›Nelly Moser‹ aus der Pflanzgruppe in Rosa von Seite 61) über die goldgelb panaschierte *C. alba* ›Spaethii‹ bis hin zur lindgrünen *C. alba* ›Aurea‹. Diese Hartriegelsträucher werden darüber hinaus wegen ihrer leuchtend gefärbten Wintertriebe angepflanzt. Radikales Zurückschneiden der Äste im Spätwinter läßt die schönen Triebe sprießen. Selbst bei einer solchen Behandlung sind diese Sträucher für kleine Gärten jedoch fast schon zu groß.

Genauso anspruchslos wie der Hartriegel ist der Holunder. Die Sorten *Sambucus nigra* ›Marginata‹ und ›Aureomarginata‹ haben cremefarben bzw. blaßgelb gerandete Blätter, während ›Pulverulenta‹ so aussieht, als ob ein Mehlsack über ihr ausgeleert worden wäre. Das Laub von ›Aurea‹ ist einfarbig goldgelb und gröber als die tief eingeschnittenen, im Frühling zunächst bronzefarbenen Blätter der *S. racemosa* ›Plumosa Aurea‹. Auch diese Sorten sollten kompakt gehalten und zum Winterende immer kräftig zurückgeschnitten werden, um für schönen neuen Austrieb zu sorgen. Wer nur Platz für ein Exemplar hat, sollte sich für *S. racemosa* ›Plumosa Aurea‹ entscheiden.

Der panaschierte Falsche Jasmin *Philadelphus coronarius* ›Bowles' Variety‹ mit seinen duftenden, cremefarbenen Blüten im Sommer wirkt in seiner Blässe äußerst charmant. Er wächst nicht allzu schnell und gibt sich auch mit wenig Platz zufrieden. Es gibt aber auch eine großwüchsigere, goldgelbe Sorte, *P. coronarius* ›Aureus‹.

Die goldgelbe *Weigela* ›Looymansii Aurea‹ ist mit ihren farblich nicht mit dem gezähnten rotrandigen Laub harmonierenden rosa Blüten weit weniger wirkungsvoll als nach der Blüte. Eine ähnlich unharmonische Farbzusammenstellung verdirbt einem im Frühling vorübergehend die Freude an der langsam wachsenden, lindgrünen Blutjohannisbeere *Ribes sanguineum* ›Brocklebankii‹. *Physocarpus opulifolius* ›Luteus‹ dagegen zeigt mehr Geschmack und begnügt sich mit unscheinbaren, weißlichen Blüten bei bronzefarbenem Austrieb im Frühling. Der goldgelbe Schneeball *Viburnum opulus* ›Aureum‹ trägt bescheidene, an Spitzenhäubchen erinnernde Blüten. Alle diese goldgelben Sträucher bieten sich als Klettergerüst für die blaue *Clematis alpina* an – bei Johannisbeeren allerdings auf die Gefahr hin, daß selbst ältere Gehölze von dem Kletterer überwältigt werden.

UNTEN *Hosta crispula* mit ihrem dunkelglänzenden, breit weißgeränderten Laub wird von *Ranunculus aconitifolius* mit seinem weißen Blütennebel über blanken, tief eingeschnittenen Blättern wirkungsvoll ergänzt.

Einfarbige Rabatten in Silber- und Grautönen

Wer in seinem Schattengarten eine rein weiße Pflanzung anlegen wollte, müßte auf nahezu alle silberblättrigen Gewächse verzichten, die dem weißen Spektrum sonniger Gärten einen besonderen Reiz verleihen. Es gibt nur ein paar wenige graublättrige Pflanzen, die im hellen Schatten gedeihen. Als Bindeglied in einer Rabatte, die von Sonne in Schatten übergeht, sind sie zur Vermeidung abrupter Übergänge unverzichtbar.

Einige immergrüne Sträucher fallen in diese Kategorie, darunter die zinngraue *Olearia macrodonta* sowie *Elaeagnus macrophylla* mit silberfarbenen Blattunterseiten. Beide Sträucher eignen sich nur für relativ milde Gegenden.

Die laubabwerfende *Rosa glauca* verblaßt im Schatten von Pflaumenlila zu Taubengrau, und ebenso lassen die in der Sonne rosagetönten Blätter der niedrigeren *Fuchsia magellanica* ›Versicolor‹ beim Wechsel in den Schatten an Farbintensität stark nach. Wer eine rosafarbene Komposition, wie die auf Seite 61 beschriebene, für eine teilweise sonnige Rabatte entwerfen möchte, kann diese beiden Sträucher als ideale Mittler zwischen Sonne und Schatten verwenden.

Anmutige Weiden, wie beispielsweise *Salix elaeagnos* mit ihren rosmarinähnlichen, oberseits grauen und unterseits weißfilzigen Blättern, und die hohe, schlanke *S. exigua* gedeihen in lichtem Schatten besonders gut. Keine von beiden eignet sich allerdings für kleine Gärten.

Obwohl *Berberis dictyophylla* recht groß werden kann, mag man wegen ihres hohen Zierwerts in allen vier Jahreszeiten nur ungern auf sie verzichten. Diese laubabwerfende Berberitze hat graublaue Blätter, weiß bereifte Triebe, hellgelbe, rosettenförmige Blüten im Frühling und eine späte, lang anhaltende, purpurrote Herbstfärbung. Zur Erhaltung der aufschießenden und gerade im Winter äußerst dekorativen, weißen Triebe sollte das älteste Holz jedes Jahr sorgfältig herausgeschnitten werden.

Das silbergraue Perlpfötchen *(Anaphalis),* auch Strohblume genannt, bevorzugt entgegen der landläu-

SEITE 65 Diese von kühlen Farbtönen dominierte Pflanzgruppe besteht aus dem Japanischen Regenbogenfarn (*Athyrium niponicum* ›Pictum‹), der blaublättrigen *Hosta* ›Halcyon›, einem Tüpfelfarn mit gegabelten Wedelenden, einem im Bogen wachsenden, cremefarben gestreiften Salomonssiegel *(Polygonatum × hybridum* ›Striatum‹) und den gezähnten, dreiteiligen Blättern von *Helleborus lividus.*

LINKS Pflanzen mit silbrigem Laub werden im allgemeinen mit sonnigen Standorten assoziiert, doch gibt es einige, die auch in kühleren Winkeln wachsen. Eine Schopflilie *(Eucomis),* deren Blütenstand an eine Ananas erinnert, ist das einzige wirklich Grüne in dieser Pflanzgruppe aus *Hosta sieboldiana* var. *elegans,* den schmalen, bogigen platingefleckten Blättern einer *Pulmonaria longifolia* und einer weiß panaschierten Form des Spindelstrauchs *Euonymus fortunei.*

Pulmonaria officinalis
Naturheilkundige der Renaissance griffen die antike Signaturenlehre auf, die vom Aussehen einer Pflanze auf deren Arzneiwirkung schloß. So glaubten sie, daß eine Pflanze, die in Form und Farbe an ein menschliches Organ erinnert, auch gegen die Leiden dieses Organs hilft. Da das weißgefleckte Laub des Lungenkrautes eine gewisse Ähnlichkeit mit einer von Geschwüren zerfressenen Lunge aufweist, schrieb man dieser Pflanze eine heilende Wirkung bei Erkrankungen der Atemwege zu. Ein anderer, im englischsprachigen Raum vormals sehr gebräuchlicher Name für diese Frühlingsblume war »Joseph und Maria«: Die zweifarbigen Blüten in Rosa und Blau ließen an die Gewänder der heiligen Familie denken, und von den weißen Flecken sagte man, sie seien Milchtropfen der Jungfrau Maria.

fig verbreiteten Ansicht einen feuchtigkeitsspeichernden Boden und fühlt sich auch in lichtem Schatten durchaus wohl. Die Blässe seiner Blätter wird durch seine weißfilzigen Stengel und weißen, zum Trocknen geeigneten Blüten im Spätsommer noch unterstrichen. *Anaphalis triplinervis* trägt dreinervige Blätter an 30 cm hohen Stengeln; die Blätter der höheren *A. cinnamomea* sind auf der Unterseite dicht weißwollig, die sonst ganz ähnliche *A. margaritacea* unterscheidet sich durch sehr schmale Blätter.

Die hohen, etwa 90 cm erreichenden Stengel der *Lysimachia ephemerum* mit schmalen, weichen, grauen Blättern und schlanken Trauben gräulich-weißer Blüten im Sommer betonen sehr stark die Vertikale und setzen einen hübschen Kontrast beispielsweise zu blaugrauen Funkien. Man kann jedoch auch zwei verschiedenfarbige, betont aufrechte Stauden nebeneinandersetzen, wie z. B. die kühle *Lysimachia ephemerum* zusammen mit dem leuchtendmagentaroten Blutweiderich, *Lythrum salicaria*. Beide gedeihen in feuchtem Boden am besten.

Formen des Lungenkrauts *(Pulmonaria)* mit stark silbergefleckten Blättern bevorzugen ebenso wie die grünblättrigen Vertreter dieser Gattung einen schattigen Standort. Dies gilt auch für die silbrigen Kulturvarietäten der Gefleckten Taubnessel *(Lamium maculatum)*, ›Beacon Silver‹ mit ihren malvenrosa und ›White Nancy‹ mit weißen Blüten.

Zweifarbige Rabatten

Die hier vorgeschlagenen Pflanzgruppen bestehen aus Gewächsen, die in jedem passablen Gartenboden in leicht- oder halbschattiger Lage problemlos gedeihen, so etwa am Fuß einer hohen Mauer oder im Schatten entfernterer, nicht überhängender Bäume. Setzen Sie sie in großzügigen, langgestreckten Gruppierungen zusammen, so entstehen weniger Lücken als in kompakten Blöcken einzelner Pflanzensorten.

Die wichtigsten Farben für eine Schattenrabatte sind Blau- und Gelbtöne in allen erdenklichen Schattierungen. Kombinieren lassen sich diese beiden Farbbereiche insbesondere dann ohne weiteres, wenn man sich nicht nur bei der als Bindeglied fungierenden Pflanzgruppe, sondern auch bei den Hauptgruppen des Arrangements an die Mischtöne Mauve, Rosa, Violett und Lila einerseits und Zitronengelb, Grüngelb und Creme andererseits hält.

Solche matten Töne kommen in schattigen Arealen schön zur Geltung, vertragen aber durchaus auch ein paar leuchtende Farbtupfer, wie z. B. das kräftige Mauve der Prachtspiere *(Astilbe)* in der hier abgebildeten Pflanzgruppe oder ein sattes Goldgelb wie das von *Rudbeckia fulgida* ›Goldsturm‹ mit ihren von einem schwarzen Kegel gekrönten Strahlenblüten.

Von links nach rechts: Blaues Spektrum – *Anemone hupehensis* ›September Charm‹, *Astilbe chinensis* var. *taquetii* ›Superba‹, *Hosta sieboldiana, Rosa glauca* (hinten); verbindende Gruppe: *Hemerocallis* ›Marion Vaughn‹, *Phlox paniculata, Hosta ventricosa* ›Aurea Marginata‹; gelbes Spektrum – *Nepeta govaniana, Alchemilla mollis, Hosta helonioides* ›Albopicta‹, *Osmanthus decorus* (hinten).

Blaues Farbspektrum

Alle im folgenden genannten Pflanzen blühen rosa, mauve, lila, violett oder purpurn, und ihre Blätter spielen eher ins Blaugrün als ins Gelbgrün. Auch weiße Blüten passen hier hinein, besonders dann, wenn sie leicht rosa oder mauve überhaucht sind. Eine solche Pflanzgruppe würde sich gut vor dem Hintergrund einer rosa blühenden Japanischen Kirsche oder einer Vogelbeere wie *Sorbus hupehensis* machen.

Die Liste der Pflanzen, die Sie verwenden können, um diese Farben in andere Jahreszeiten zu übertragen, ist lang: *Aquilegia vulgaris* ›Nivea‹, eine hohe Akelei mit weißen Blüten über gräulichem Laub, der rosablühende Bergkerbel *Chaerophyllum hirsutum* ›Roseum‹, *Dicentra formosa* ›Stuart Boothman‹ mit leuchtendrosafarbenen, medaillonartigen Blüten und zinngrauem Laub und *Astrantia carniolica* ›Rubra‹ mit ihren bräunlich-roten, an Nadelkissen erinnernden Blüten sind nur einige Beispiele. Als lückenfüllender Bodendecker in einer solchen Pflanzgruppierung bietet sich die halbimmergrüne Gefleckte Taubnessel, *Lamium maculatum* ›Beacon Silver‹, mit ihren silbrigen Blättern und malvenrosa Blüten an.

Anemone hupehensis ›September Charm‹: mit 75 cm relativ niedrige Japan-Anemone; im Herbst Blüten mit vielen, schmalen Petalen in sanftem Fliederrosa.

Astilbe chinensis var. *taquetii*: schöne dunkle, gefältelte Fiederblätter; schlanke Rispen kräftig mauvefarbener Blüten im Spätsommer.

Hosta sieboldiana var. *elegans*: große, runzlige, gräulich-blaue Blätter.

Rosa glauca (syn. *R. rubrifolia*): Laub in der Sonne pflaumenfarben überlaufen, im Schatten zinngrau; kleine, rosarote Blüten; am ungeschnittenen, eine Wuchshöhe von etwa 1,80 m erreichenden Strauch rote Hagebutten; bei kräftigem Rückschnitt im Frühling schöneres Laub an 1,20 m langen Trieben.

Verbindende Pflanzgruppe

Mit einer Kombination aus kräftigen Formen und zurückhaltenden, kühlen Farben schafft die Gruppe im Zentrum dieser Rabatte eine Verbindung zwischen blauem und gelbem Farbspektrum.
Hemerocallis ›Marion Vaughn‹: eine Taglilie in kühlem Zitronengelb.
Hosta ventricosa ›Aurea Marginata‹: Eine Funkie mit Trauben glockenförmiger tiefpurpurner Blüten.
Phlox paniculata: lavendel- und mauvefarbene Blütenstände in luftiger Höhe.

Gelbes Farbspektrum

Zur Auswahl steht eine Vielzahl von Pflanzen mit grünem oder grünlich-gelbem Laub und Blüten in Gelbtönen, von Creme und Blaßgelb bis hin zu Ocker und Gelbgrün. Eine ansprechende Umgebung für eine solche Komposition bestände aus dem kräftigen Grün von Eibe, Duftblüte *(Osmanthus)* oder *Choisya ternata*. Die margeritenähnlichen Blüten der Gemswurz und die leuchtendgrüngelben Hochblätter der Wolfsmilch tragen das Farbthema in den Frühling, blaßgelber Eisenhut *Aconitum* ›Ivorine‹ und gelber Fingerhut *Digitalis grandiflora* setzen es im frühen Sommer fort.

Alchemilla mollis: handförmig gelappte, zartgrüne Blätter und lindgrüner Blütenschleier im Sommer.
Hosta helonioides ›Albopicta‹: schmale, längliche Blätter mit breitem, cremefarbenem Rand; unscheinbare fliederfarbene Blüten.
Nepeta govaniana: schattenliebende Katzenminze mit Trauben hellgelber Blüten, 90 cm hoch über blaßgrünen Blättern.
Osmanthus decorus: breit kuppelförmiger, bis zu 3 m hoher immergrüner Strauch mit kräftigen, dunkel glänzenden Blättern und kleinen, weißen Blüten im Frühling.

Blühende Sträucher

OBEN Hortensien mit ballförmigen Blütenständen, hier in unterschiedlichen Rosatönen, passen gut in eine eher streng gestaltete Umgebung. Hier säumen sie einen mit niedrigen Buchsbaumhecken eingefaßten Kiesweg, der zu einem schmiedeeisernen, von Kirschlorbeer überragten Tor führt.

Sträucher, die sich hauptsächlich durch ihre Blüten hervortun, gehören ebenfalls zum Gartendekor. Die altbekannten Hortensien mit ihren entweder ballförmigen oder eher flachen, an Spitzenhäubchen erinnernden Blütenständen beispielsweise sind nur für eines gut: ihre reiche Blüte, die sich über drei bis vier Monate im Jahr erstreckt. Generell würde ich die ballblütigen, etwas bieder wirkenden Arten für die unmittelbare Umgebung des Hauses oder für relativ streng komponierte Gartenabschnitte, die anmutigeren »Spitzenhäubchen« dagegen für eine Umgebung aus Sträuchern oder Bäumen vorsehen. Bei den meisten handelt es sich um stark ausladende Sträucher, doch gibt es auch einige wenige, die sich – wie in der folgenden Auswahl vermerkt – besonders für kleine Gärten eignen.

Hydrangea macrophylla kennt eine Vielzahl verschiedener Sorten mit flachen oder ballförmigen Blütenständen. Kalkböden bringen rosa, saure Böden blaue Blüten hervor. Ein neutraler Boden mit einem pH-Wert von etwa 6,5 ergibt recht verwaschene Mauvetöne, aber schon der Zusatz einer geringen Menge an Kalk läßt sie in Rosa umschlagen.

Mauvefarbene Hortensien in blaue umzuwandeln, ist schon schwieriger, aber mit etwas Aluminiumsulfat, das im Frühherbst rings um die Stämme gut eingeschlämmt wird, könnte auch dieses Vorhaben gelingen – vorausgesetzt, der Boden besitzt den richtigen Nährstoffgehalt und einen niedrigen pH-Wert. Verwenden Sie für einen mittelgroßen Strauch maximal ein Pfund. Da das Aluminiumsulfat nur langsam aufgenommen wird, tritt eine Blaufärbung möglicherweise noch nicht im folgenden Frühjahr ein.

Die Hortensien mit den flachen »Spitzenhäubchen« blühen meist weiß oder rosa bzw. blau. Die Sorte *Hydrangea macrophylla* ›Ami Pasquier‹ ist mit ihren tiefroten Blüten eine Ausnahme. Bei neutralem oder leicht kalkhaltigem Boden ist das Rot am intensivsten. Wenn Ihr Boden einen niedrigen pH-Wert aufweist und die Blütenfarbe ins Lila spielen läßt, sollten Sie ein wenig aufkalken, um das gewünschte kräftige Kirschrot zu erzielen.

Die »Spitzenhäubchen«-Varietäten der *H. serrata* sind winterfester, kleiner und deshalb für beengte Platzverhältnisse sehr gut geeignet. Am wohlsten fühlen sie sich im Schatten. Auch sie blühen blau bzw. rosa. Die beiden herrlichen Sorten ›Rosalba‹ und ›Grayswood‹ blühen unabhängig vom pH-Wert des Bodens zunächst weiß und färben sich im Laufe der Zeit rosa und schließlich purpurn.

›Preziosa‹, eine Sorte der *H. serrata* mit hübschen, ziemlich kompakten, ballförmigen Blütenständen, die zuerst in klarem Rosa leuchten und später in tiefes Purpurrot übergehen, eignet sich bestens als Begleiter für die bereits beschriebenen, altrosafarbenen Pflanzgruppen (Seite 61) und das blaue Farbspektrum (Seite 66). Eine der faszinierendsten Hortensien ist *H. involucrata* ›Hortensis‹, ein Kleinstrauch mit gefüllten, cremerosa Blüten im Sommer und frühen Herbst.

Die Schneeball-Bäumchen *Viburnum opulus* ›Roseum‹ und der feinere *V. plicatum* zeigen sowohl in lichtem Schatten als auch in der Sonne reiche Blütenfülle. Ich halte die flachblühenden Formen des *V. plicatum* aufgrund ihrer ausdrucksstarken Wuchsform für mehr als nur schmückendes Beiwerk. Um diese charakteristische Form zu entwickeln, brauchen sie aber viel Platz. Es wäre deshalb eine Schande, sie auf engem Raum zusammenzudrängen.

Der Schwarze Holunder, *Sambucus nigra*, ist für extrem rauhe Ecken äußerst wertvoll und während seiner

cremefarbenen, duftigen Blüte durchaus attraktiv. Für die meisten Gärten dürfte er zu groß sein, wo aber genügend Platz ist, sollte man nicht auf ihn verzichten, denn seine nach Muskateller duftenden Blütendolden können zu Holunder-»Sekt« verarbeitet oder in Pfannkuchenteig ausgebacken werden, und aus den schwarzen Früchten läßt sich Wein oder Fliederbeersaft, ein bewährtes Hausmittel zur Vorbeugung von Erkältungen, herstellen.

Der Schwarze Holunder weist neben den auf Seite 63 beschriebenen Formen mit buntem Laub, wie beispielsweise ›Aureomarginata‹, eine durchaus gartengeeignete Auslese namens *Sambucus nigra* ›Laciniata‹ mit regelmäßig tief eingeschnittenen Blättern und einer Fülle elfenbeinfarbener Blüten auf.

Die sehr langsam wachsende Sorte ›Tenuifolia‹ der *S. racemosa* erinnert mit ihren tief eingeschnittenen Blättern ebenso wie mit ihrem etwas gedrungenen, breitkronigen Wuchs an den Japanischen Ahorn. Der erlesene Strauch läßt sich hervorragend mit kleinen, schattenliebenden Pflanzen kombinieren und ist kalkverträglicher als der Japanische Ahorn.

Manchmal machen nicht so sehr die Blüten, sondern vielmehr die Früchte den dekorativen Wert eines Strauchs aus. So weist *Decaisnea fargesii,* eine relativ große Strauchart mit gefiedertem Laub, Trauben zarter, grünlich-gelber Blütenglocken auf, die die Betrachtung aus nächster Nähe durchaus lohnen, doch geradezu spektakulär sind ihre kobaltblauen Früchte von der Form breiter Bohnenhülsen.

OBEN Hortensien mit flachen Doldenrispen wie diese blaßviolette *Hydrangea macrophylla* sehen verspielter aus als solche mit ballförmigen Blütenständen und eignen sich daher gut für naturnahe Areale mit Sträuchern und anderen schattenliebenden Gewächsen. Nur die dunkleren Blüten in der Mitte der Doldenrispe sind fertil.

RECHTS Sommergrüne Azaleen schmücken Gärten mit Waldcharakter im Frühling mit ihrem wogenden Blütenmeer. Ihre sanften Töne – cremefarbene Petalen, die aus rosa angelaufenen Knospen platzen, oder rosafarbene Blüten mit einem Hauch von Orange – harmonieren gut mit Hasenglöckchen, die sich hier in großer Zahl zwischen ihren Stämmen angesiedelt haben. Viele Azaleen zeichnen sich zudem durch ihren Duft und eine leuchtende Herbstfärbung aus.

Blühende Sträucher für saure Böden

Ebenso wie *Viburnum* entwickelt auch die kalkunverträgliche Prachtglocke *Enkianthus campanulatus* mit den Jahren eine stufenförmige Silhouette, doch unterscheidet sie sich in ihrer lichten Eleganz deutlich von der Kompaktheit des Schneeballs. Die kleinen, cremefarbenen, rötlich geäderten Glöckchen hängen im späten Frühjahr büschelweise an den Ästen, und das hübsche Laub entflammt im Herbst in intensiven Orange- und Rottönen. *E. campanulatus* ›Albiflorus‹ ist eine weißblühende, *E. campanulatus* var. *palibinii* eine rotblühende Form. Mit der Zeit kann der Strauch eine Höhe von 3m erreichen. Entfernt man die unteren Zweige, so entsteht ein kleiner Baum.
Der kleinere *E. cernuus* var. *rubens* trägt dunkelziegelrote Blüten und zeigt eine leuchtende rotviolette Herbstfärbung. Die Prachtglocken sorgen in der Nachbarschaft von Rhododendren für Auflockerung und harmonieren in ihren Blütenfarben perfekt mit dem grellgelben Austrieb von Eichen. Obwohl gerade *E. campanulatus* eine beträchtliche Höhe erreichen kann, ist er schlank genug, um auch in kleinen Gärten Platz zu finden.

Die Federbuschsträucher (*Fothergilla*-Arten), die ebenfalls ein saures Milieu lieben, sind weniger zierlich, doch geben ihre verspielten, Flaschenbürsten ähnelnden Ähren duftender, cremefarbener Blüten im Frühling eine hübsche Begleitung für rote Rhododendren ab. Im Herbst hüllen sie sich in ein warmes Gelb oder Orangerot. Die höher wachsende *Fothergilla major* (syn. *F. monticola)* schließt die Monticola-Gruppe mit ein, die früher als eigene Art galt. *F. gardenii* ist von kompakterem Wuchs. Die relativ neue Sorte *F. gardenii* ›Blue Mist‹ macht mit ihren erst nach der Blüte austreibenden Blättern in einem überraschenden Taubenblau, das später in Blaugrün übergeht, einen recht vielversprechenden Eindruck.

Der Reif auf den Blättern der *Zenobia pulverulenta* ist nahezu weiß, ihre Blütenglöckchen sind reinweiß und wesentlich größer als die der Prachtglocken. Sie sehen gleichsam aus wie Maiglöckchen in Großformat, wenn sie auch nicht deren süßen Duft besitzen. Zur Erhaltung des schönen Laubes sollten Sie die Zweige sofort nach dem Abblühen der Glockenblüten zurückschneiden. Auf diese Weise bleibt der Strauch auch kompakt, was für einen kleinen Garten besonders wichtig ist.

Laubabwerfende Azaleen mit ihren Blüten in einer Palette leuchtender, reiner oder auch gedämpfter Farben sind natürlich Dekorationspflanzen *par excellence*. Die bekannte Pontische Azalee, *Rhododendron luteum*, schmückt sich im Frühling mit unzähligen, kleinen, stark duftenden Blüten in einem klaren Gelb und entflammt im Herbst, wenn die Blätter absterben, in leuchtenden Farben. Dieser Großstrauch mit einer Höhe und Breite von bis zu 3 m blüht ebenso früh wie die Molle-Hybriden, die ersten unter den sommergrünen Aza-

SEITE 71 Sommergrüne Azaleen und immergrüne Rhododendronsorten zu kombinieren, kann ein gewagtes Unterfangen sein, da das Farbspektrum der Azaleen (vorwiegend gelb, orange und scharlachrot) selten mit dem anderer Rhododendren (von rosa über violett bis hin zu lila) harmoniert. Hier ist die Zusammenstellung von *Rhododendron* ›Naomi‹ und rosablühenden Azaleen, umgeben von üppigem Grün, jedoch durchaus gelungen.

leen, welche es in einer Vielzahl von Gelbtönen – von strohfarben über zitronen- bis hin zu safrangelb – und in leuchtenden, bräunlich- oder orangeroten Blütenfarben gibt.

In einem großen Garten harmonieren lockere Gruppen dieser Azaleen, vor allem aus dem gelben Farbspektrum, zwischen weißen Birkenstämmen gesetzt oder unter weißblühenden Kirschen gepflanzt, perfekt mit gelber *Meconopsis cambrica*, mit Hasenglöckchen (*Scilla non-scripta*), Vergißmeinnicht und wilden, gelben Veilchen, wie beispielsweise *Viola glabella* und *V. pensylvanica.*

Für diejenigen, die rosa Azaleen bevorzugen und zudem über den nötigen Platz verfügen, beginnt die Saison mit *Rhododendron albrechtii*, einem Strauch von 2,50 m Höhe mit tief rosenroten Blüten, und dem noch höher wachsenden *R. schlippenbachii* mit duftenden Blüten von Blaßrosa bis sanft Rosenrot.

Ein wenig später folgt *R. vaseyi* mit Blüten in rosenrot gesprenkeltem Perlmuttrosa und strahlender Herbstfärbung. Kombinieren Sie diese Azaleen wieder mit weißstämmigen Birken, oder hüllen Sie sie in den weißen Blütennebel einer Kanadischen Felsenbirne (*Amelanchier canadensis*). Siedeln Sie zu ihren Füßen Maiglöckchen oder die zwergwüchsige *Cornus canadensis* mit ihren winzigen Hartriegelblättern und Blüten an nur 15 cm langen Stengeln an. Diese Pflanzenkombinationen kommen jedoch nur für recht große Gärten in Frage. Später blühende Azaleen wie die Genter-, Knaphill- und Exbury-Hybriden stammen von *Rhododendron calendulaceum* mit seinen leuchtendhellroten Blüten, dem baumähnlichen *R. arborescens* mit weißen, duftenden Blüten, der würzig duftenden Sumpf-Azalee, *R. viscosum*, und dem spätblühenden, leuchtend-orangeroten *R. prunifolium* ab.

Unter den niedrigeren Arten haben die halbimmergrünen, von *R. kaempferi* abstammenden Azaleen eine Tendenz zu warmem Orangerosa und Rotbrauntönen. ›Daimio‹ und ›Mikado‹ sind zwei gute, spätblühende Auslesen.

Die eigentlichen immergrünen Azaleen fallen unabhängig von ihrer Größe schon fast in die Kategorie der Sträucher für das Gartengerüst, denn obwohl die in strahlendem Weiß blühende Sorte ›Palestrina‹ oder die unglaublich schattenverträgliche Azalee *R. mucronatum* in erster Linie wegen ihrer Blüte angepflanzt werden, zeigen manche von ihnen einen kräftigen, stufenförmigen Habitus von großer Ausdruckskraft über das ganze Jahr. Dies gilt insbesondere für die glühend magenta bzw. purpurroten Kulturformen ›Amoenum‹ und ›Amoenum Coccineum‹.

Die hübsche Amerikanische Strauchheidelbeere, *Vaccinium corymbosum*, macht mit ihrer Herbstfärbung den farbenprächtigsten Azaleen Konkurrenz. Wer das rechtzeitige Abdecken mit einem Netz in Kauf nimmt, kommt außerdem in den Genuß ihrer köstlichen Früchte.

Kletterpflanzen, Zwiebel- und Knollengewächse

In einer zusammengewachsenen Gemeinschaft in der freien Natur bilden die Pflanzen Höhenstufen. Unter den Baumkronen wird man eine Stufe aus Sträuchern und unter diesen wiederum eine krautige Schicht finden. Auf demselben Areal gibt es wahrscheinlich auch noch Pflanzen, die nur für kurze Zeit über der Erdoberfläche erscheinen und einen Großteil ihres jährlichen Zyklus in ruhendem Zustand unter der Erde verbringen, wo die Reservestoffe in Zwiebeln oder Knollen gespeichert werden.

Eine Gruppe für sich bilden in dieser Gemeinschaft die Kletterpflanzen, die sich Sträucher und Bäume für ihre Zwecke zunutze machen, indem sie sich an ihnen hochziehen.

Seit jeher haben Gärtner sich diesen natürlichen Stufenwuchs zunutze gemacht, um aus einem Stück Boden so mit List und Tücke das Zwei- oder gar Dreifache herauszuholen. Dabei handelt es sich um eine Bepflanzungsart, die der »Schattengärtnerei« sehr entgegenkommt.

Natürlich muß man auch hier die Pflanzen sorgfältig auswählen: So nützt es nichts, Zwiebeln, die zum Austreiben sommerliche Hitze brauchen, in kühle Lauberde zu setzen, wo die Sonne, nachdem die darauf stehenden Bäume erst einmal belaubt sind, kaum jemals hinkommen dürfte.

In das auf Seite 61 vorgeschlagene Arrangement in Mauve, Rosa und Graugrün läßt sich ein Schwung *Hyacinthoides hispanica* eingliedern, deren himmelblaue, malvenfarbene oder weiße Blüten sich im Frühling an 30 cm hohen Stengeln öffnen. Auch *Anemone blanda* mit ihren vielpetaligen Blüten in Lavendelblau, Weiß, Rosa (›Charmer‹) oder kräftigem Magentarot mit weißen Augen (›Radar‹) fühlt sich in leichtem Schatten sehr wohl.

Obwohl Gladiolen im allgemeinen als sonnenliebende Pflanzen gelten, zeigt *Gladiolus communis* ssp. *byzantinus* auch in lichtem Schatten eine üppige Blüte und breitet sich in leichten Böden schnell aus. Ihre tiefroten, leicht ins Lila spielenden, trichterförmigen Blüten sitzen im Frühsommer an 90 cm hohen Stengeln. Später in der Saison, im Spätsommer und Herbst, folgt *G. papilio* mit seinen helmartigen Blüten in gedämpftem Lila, deren Schlund grün und cremefarben gezeichnet ist, an 1,20 m hohen Stengeln über grasartigen, bläulich-grünen Blättern.

Im Herbst brechen die Blüten der Zeitlosen nackt aus der Erde hervor; die ansehnlichen, glänzenden Blätter erscheinen erst im Frühjahr. Wenn sie im Frühsommer absterben, bieten sie für kurze Zeit einen weniger schönen Anblick. Sowohl die Herbstzeitlose, *Colchicum autumnale*, als auch die prächtigere *C. speciosum* lassen sich problemlos kultivieren. Beide treiben Blüten in Rosa bis Blaßlila oder Weiß. ›Waterlily‹ besitzt gefüllte, rosa-fliederfarbene Blüten.

Wenn diese Zeitlosen in Ihrem Garten gedeihen, können Sie die Sammlung zum Beispiel mit Formen, deren Blütenblätter schachbrettartig dunkler genetzt sind, erweitern. Ein idealer Rahmen für die Blüten der Zeitlosen entsteht durch das immergrüne Laub und die im Herbst erscheinenden blaßlila Blütenähren der *Liriope muscari*.

Bei den Pflanzgruppen in kräftigeren leuchtenden Farbtönen wie Gelb, Grüngelb und Orange beginnt die Saison mit Krokussen und Narzissen, von denen sich viele an einem leicht schattigen Standort durchaus wohl

Das Pflanzen eines kletternden Gewächses

Wer eine Kletterpflanze zum Hochranken an einen Baum oder Strauch setzen will, muß vorher den Boden sorgfältig vorbereiten. Um zu verhindern, daß die Baumwurzeln der Kletterpflanze die Nahrung entziehen, stellen Sie vor dem Pflanzen eine dünnwandige Bretterkiste ohne Boden in das Pflanzloch. Während die Bretter verrotten, hat die Kletterpflanze Zeit genug, um fest anzuwachsen.
Bei tiefwurzelnden Bäumen läßt sich zwischen den Hauptwurzeln manchmal sehr dicht am Stamm ein Plätzchen finden. Der Boden hier ist trocken und ausgelaugt, deshalb ist gründliche Vorbereitung und jährliches Düngen und Mulchen wichtig.

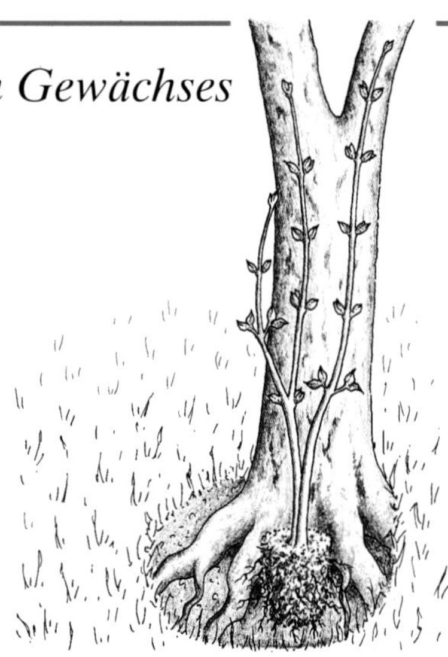

Heben Sie ein Pflanzloch aus, das genügend Platz bietet, um beim Pflanzen möglichst viel Abstand zu den Wurzeln des Gehölzes halten zu können. Setzen Sie die Kletterpflanze idealerweise auf die Windseite, so daß die vorherrschenden Winde sie eng an ihren Wirt drücken.

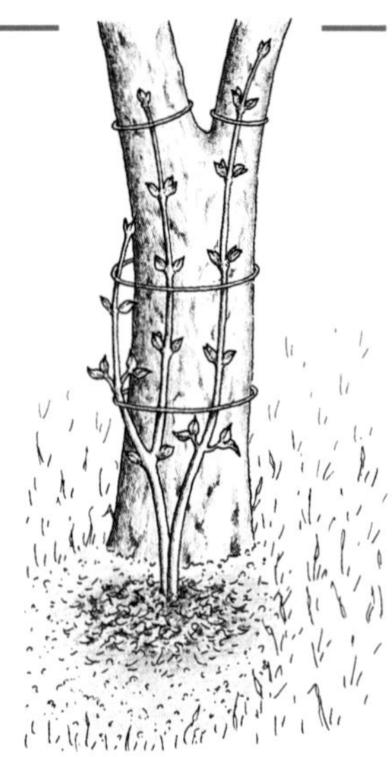

fühlen. Von beiden gibt es so viele verschiedene Arten und Sorten, daß die Auswahl zur reinen Geschmacksfrage wird. Ich persönlich würde mich für *Crocus-chrysanthus*-Sorten wie ›Cream Beauty‹, ›E. A. Bowles‹ oder ›Goldilocks‹ und halbhohe Narzissen wie ›Dover Wings‹ in Weiß und Zartgelb oder ›Little Witch‹ mit zerzausten, gelben Petalen entscheiden.

Eine hübsche Unterpflanzung für alle auf Seite 63 genannten, goldgelben Sträucher ergibt die Paarung von lilablättriger *Viola labradorica* ›Purpurea‹ mit dem goldgelben Flattergras *Milium effusum* ›Aureum‹ oder dem goldblättrigen Pfennigkraut *Lysimachia nummularia* ›Aurea‹.

Im Winter blühende Schneeglöckchen heben sich reizvoll von dem Hintergrund aus dunklen Veilchenblättern ab, und im Sommer steigert eine dunkle Waldrebe wie die *Clematis-viticella*-Hybride ›Royal Velours‹ noch die Wirkung des Arrangements.

Kletterpflanzen ranken sich bereitwillig an allen möglichen Rabattensträuchern hoch, nur Zwergsträucher sind nicht geeignet. So könnte *Rosa glauca* als Gerüst für *Clematis* ›Duchess of Albany‹ mit ihren tulpenförmigen, rosa Blüten an kaum verholzenden Trieben oder für eine der vielen *C.-viticella*-Hybriden dienen, wobei ›Purpurea Plena Elegans‹ aufgrund ihrer gefüllten, rosettenförmigen Blüten in sanftem Grauviolett besonders zu empfehlen ist. Beide Waldreben blühen ebensogut im Schatten wie in der Sonne. *C.-viticella*-Hybriden werden im Winter fast bis zum Boden zurückgeschnitten.

Sträucher mit panaschierten oder bunten Blättern bekommen einen ganz anderen Charakter, wenn man sie als Gerüst für eine Kletterpflanze benutzt. Bei einem Strauch mit lindgrünem Laub oder auch gelben Blüten bietet sich vor allem das scharlachrote Geißblatt *Lonicera × brownii* ›Dropmore Scarlet‹ an. *Clematis-viticella*-Hybriden mit ihren leuchtenden Blütenfarben – die weinrote ›Abundance‹ oder die etwas hellere ›Kermesina‹, die violette ›Etoile Violette‹ oder die lilafarbene ›Polish Spirit‹ – erzielen an grünweißen Hartriegelgehölzen besonders eindrucksvolle Kontraste: lebendige Farbenpracht inmitten goldgelben Blattwerks.

OBEN Im Herbst brechen die krokusähnlichen Blüten der Zeitlosen nackt aus dem Boden. Hier wurde *Colchicum* ›Glory of Heemstede‹ (syn. ›Conquest‹) mit dem Frauenfarn *Athyrium distentifolium* gepaart.

Setzen Sie die Kletterpflanze so tief ein, wie dies auch vorher im Topf bzw. in der Gärtnerei der Fall war, und füllen Sie das Pflanzloch mit Lauberde, die mit Kompost oder gut verrottetem Mist angereichert wurde. Drücken Sie die Erde fest an, und wässern Sie gut. Binden Sie die Triebe sodann mit Gartenschnur an das Gehölz.

Für eine außerhalb des Bereichs der Baumwurzeln gesetzte Kletterpflanze (grober Anhaltspunkt: die Wurzeln haben etwa die gleiche Ausdehnung wie die Krone) dient eine Bambusstange oder ein Seil als Kletterhilfe, damit die Pflanze die äußeren Äste des Baumes erreichen kann.

Überbrückung der Jahreszeiten durch Stufenpflanzung

Mit Stufenpflanzungen – Gruppierungen von Pflanzen unterschiedlicher Höhen, aber auch unterschiedlicher Blütezeiten, wie sie in der Natur vorkommen – läßt sich eine begrenzte Fläche optimal nutzen und gleichzeitig ein Arrangement schaffen, das über die Hauptsaison hinaus dekorativ bleibt. Für die auf Seite 41 für eine Gruppierung vorgeschlagenen Zwiebel- und Knollengewächse, wie Schneeglöckchen und Türkenbundlilien, sowie für die kleinen Stauden, wie z. B. Primeln, läßt sich in stark laubhaltigem, kühlem Boden problemlos eine passende Stelle finden. Das gleiche gilt für viele Kletterpflanzen, etwa die Kapuzinerkresse, deren zinnoberrote Blüten vom Sommer bis in den Herbst Leben in eine verhaltene grün-weiße Pflanzgruppe bringen. Das Prinzip der Stufengärtnerei läßt sich auch dazu verwenden, einen Strauch, dessen Zierwert sich auf eine Jahreszeit beschränkt, in ein ganzjährig interessantes Arrangement einzubinden.

Stufenpflanzung an einem Strauch mit Sommerblüte

Einige der beliebtesten Sträucher sind während ihrer Frühlings- oder Sommerblüte schön anzusehen, doch haben sie sonst nicht viel zu bieten. Viele können, wie auf Seite 21 beschrieben, in kleine Kronenbäume und damit in Schattenspender und Kletterhilfen umgewandelt werden. So könnte Flieder als Gerüst oder Schutz für folgende Pflanzen dienen, deren Blüten dem gleichen Farbspektrum angehören oder es harmonisch ergänzen:

Anemonopsis macrophylla: im Sommer nickende, lavendelblaue Blüten an locker verzweigten Stielen über gefiederten Blättern; empfindlich gegen austrocknende Winde.

Athyrium niponicum: Farn mit silbriggrauen Fiedern an kastanienbraunen Wedelstielen.

Clematis ›Little Nell‹: *C.-viticella*-Hybride, die im Sommer weiße Blüten mit mauvefarbenen Adern und Rändern treibt.

Cyclamen hederifolium: herbstblühendes Alpenveilchen; Blätter sterben im Hochsommer ab und treiben im Herbst wieder neu aus.

Helleborus lividus: nur für wintermildes Klima (sonst durch *H. atrorubens* zu ersetzen); grau marmorierte, gezähnte Blätter und zum Frühlingsanfang nickende, becherförmige, taubengraue oder grüne, rosa überhauchte Blüten.

Lilium martagon var. *cattaniae:* die dunkelste unter den kastanienbraunen Formen der Türkenbundlilie; blüht im frühen Sommer.

Von links nach rechts: *Athyrium niponicum* ›Pictum‹ (vorne), *Anemonopsis macrophylla* (hinten), Flieder mit *Clematis* ›Little Nell‹, *Cyclamen hederifolium, Helleborus lividus*.

Stufenpflanzung an einem Strauch mit Winterblüte

Die Blüten der winterblühenden Zaubernuß-Arten und -Sorten fallen alle in das Farbspektrum von Blaßgelb bis Dunkelrostrot, wobei Mittelgelb am häufigsten vorkommt. Auch das Herbstlaub zeigt eine gelbe bis orange Färbung. Setzen Sie dieses Farbmotiv während des übrigen Jahres mit einer Kletterpflanze und Unterwuchs fort, und fügen Sie auch ein paar kontrastierende lavendelblaue Töne hinzu.

Anemone nemorosa ›Allenii‹: im Frühling blühende Waldanemone mit relativ dunklen, blauen Blüten; bildet in kurzer Zeit Kolonien.

Cardamine raphanifolia, syn. *C. latifolia* (Schaumkraut): bildet stetig größer werdenden Blatteppich, aus dem im Frühling violett-lilafarbene Blüten hervorleuchten.

Clematis ›Perle d'Azur‹: zartblaue Blüten im Sommer und frühen Herbst.

Corydalis ochroleuca: gefiedertes, gräulich-grünes Laub und Ähren hellgelber, gespornter Blüten von Frühling bis Herbst. *C. lutea* unterscheidet sich im wesentlichen nur durch die zitronengelbe Blütenfarbe.

Hacquetia epipactis: niedrige Staude aus der Familie der Doldenblütler mit grellgelben Blüten, die von kleinen, grünen Hochblättern umgeben sind; gegen Störungen empfindlich.

Narcissus cyclamineus: kleine, leuchtendzitronengelbe Blüten mit zurückgeschlagenem Perianth in der ersten Frühlingshälfte; liebt schattige Standorte mit feuchtem, saurem Boden.

Pulmonaria longifolia: das beste Lungenkraut mit langen, schmalen, weißgefleckten Blättern und Trauben leuchtender, ultramarinblauer Blüten im Spätfrühling und Sommer.

Uvularia grandiflora: (Goldsiegel): schmale Blätter in frischem Grün; hängende, glockenförmige Blüten in klarem Strohgelb an gebogenen, 45 cm langen Stengeln im Spätfrühling.

Von links nach rechts: *Corydalis ochroleuca, Cardamine raphanifolia, Pulmonaria longiflora, Hacquetla eplpactls, Uvularia grandiflora, Anemone nemorosa* ›Allenii‹, *Narcissus cyclamineus*; dahinter *Hamamelis mollis* mit jungen Trieben einer *Clematis* ›Perle d'Azur‹.

Kurzlebige Pflanzen: Einjährige und Zweijährige

Fordert man verschiedene Personen dazu auf, ein halbes Dutzend Einjahresblumen zu nennen, so werden die meisten an Salbei, Tagetes und ähnliches denken, kurzum an farbenfrohe Pflanzen für sonnige Standorte. Einjährige gibt es aber genauso für den schattigen Garten, und gleich seinen Sträuchern und Stauden bestechen auch sie eher durch Eleganz als durch auffallende Farben.

Selbst ein so farbenfrohes Gewächs wie das Fleißige Lieschen, das den sonnenliebenden Pflanzen an Farbintensität nicht nachsteht, erhält durch die Leuchtkraft seiner Blüten an schattigen Stellen einen besonderen Reiz. Es gedeiht sogar in relativ dichtem Schatten hervorragend.

In der Schweiz verwendet man das Fleißige Lieschen deshalb in den von hohen Häusern überschatteten Gassen, und in Kalifornien sah ich es äußerst wirkungsvoll im Schatten von Hotelmarkisen eingesetzt. Sein breites Farbspektrum reicht von Schneeweiß und blassesten Rosatönen über kräftiges Orange, Korallen- und Scharlachrot bis hin zu intensivem Magentarot. Wenn es mit seinen Wurzeln auch am liebsten im Feuchten steht, so zeigen die beiden Beispiele doch, daß ihm geringe Luftfeuchtigkeit und Hitze nichts anhaben können.

Einjahresblumen wie diese machen viel Freude: Ohne sich langfristig festlegen zu müssen, kann man einem Gartenwinkel so eine Vegetationsperiode lang ein anderes Gesicht geben. Im Jahr darauf läßt sich beispielsweise mit *Nemophila maculata* abwechseln, einer Einjährigen mit schneeweißen Blüten, deren fünf Petalen am oberen Rand jeweils einen indigoblauen Punkt tragen. Um sie herum könnte man das schattenliebende *Schizopetalon walkeri* mit seinen duftenden, fransigen, weißen Blüten setzen.

Auch der blaue Meister, *Asperula orientalis* (syn. *A. azurea)* bevorzugt kühle, leicht schattige Standorte. Seine niedrigen, verzweigten Stengel tragen duftende, blau-fliederfarbene Blüten.

Der Ziertabak treibt in nicht allzu dichtem Schatten und durchlässigem Boden mühelos seine Blüten. Die herangezüchteten tagblühenden Sorten mit ihren hübschen lindgrünen, purpurroten, rosa und weißen Blüten duften leider nicht, die altbekannte *Nicotiana alata* syn. *N. affinis* ›Grandiflora‹ dagegen zieht sich zwar tagsüber in die Anonymität ihres khakifarbenen Laubes zurück, bei Einbruch der Dämmerung aber entfaltet sie ihre trompetenähnlichen, weißen Blüten und verströmt einen betörenden Duft.

UNTEN Das Fleißige Lieschen (*Impatiens walleriana)* ist eine einjährige Pflanze, die sich hervorragend für den Schattengarten eignet und ausgepflanzt genauso gut gedeiht wie im Topf, wenn sie nur feucht genug steht. Hier bringt eine Reihe rosafarbener Fleißiger Lieschen in irdenen Töpfen Farbe in eine Schwertfarngruppe aus *Nephrolepis cordifolia* unter Bäumen.

SEITE 77 Im Gegensatz zu den streng auf engen Raum beschränkten Topfpflanzen auf dem Bild gegenüber hat sich diese Gruppe aus pfirsichrosafarbenem und weißem Fingerhut und weißen Nachtviolen *(Hesperis matronalis* ›Alba‹) unter einer Trauerweide ungehindert selbst aussäen können. Zu dem farbenfrohen Bild tragen auch die blauen und weißen Blüten der *Campanula persicifolia* bei, einer schattenverträglichen Glockenblume, die leicht aus Samen gezogen werden kann und sich ausgezeichnet als Schnittblume eignet.

Nicotiana sylvestris
Die Indios der tropischen Regionen Mittel- und Südamerikas kultivierten Tabak (*Nicotiana tabacum*) lange vor der Ankunft der Europäer, denn das Rauchen gehörte zu ihren Riten. Diese argentinische Tabakart ist jedoch nur als Zierpflanze von Bedeutung. Ihre langen, trichterförmigen Blüten entwickeln nachts einen intensiven Duft, der Nachtfalter anlocken soll.

Wo Platz für sehr viel Größeres als die kniehohen Tabakpflanzen ist, bietet sich *Nicotiana sylvestris* mit ihren ausladenden Rosetten aus großen, weichen, klebrigen, blaßgrünen Blättern an. Die Pflanze erstickt sämtliches Unkraut und mündet in hohen, endständigen Rispen langröhrig-trichterförmiger, herrlich duftender Blüten. Die etwas niedrigere, schlankere *N. langsdorfii* kann zwar keinen Duft bieten, doch ihre bezaubernden kleinen, lindgrünen Blüten, deren Trichter himmelblaue Staubgefäße bergen, sind einfach unwiderstehlich.

Bei diesen Tabaksorten handelt es sich eigentlich um perennierende, wenn auch empfindliche Stauden, die ein paar Graden Bodenfrost jedoch durchaus standhalten. Bei nicht allzu strengen Wintern kommen sie im nächsten Frühling wieder, insbesondere dann, wenn man die Wurzeln mit einer dicken Mulchschicht abdeckt. Wer sie jedes Jahr neu setzen muß und über ein Gewächshaus verfügt, in dem die Sämlinge im Winter geschützt stehen, sät sie im Herbst aus, um sie im Frühling ins Freie zu pflanzen. Im Frühling gesäter Tabak kann im Anschluß an die Blüte zweijähriger Pflanzen wie etwa Fingerhut nach draußen umziehen.

Der rote Fingerhut, *Digitalis purpurea,* ist eine ausgeprägte Schattenpflanze und belebt die Wälder Europas mit seinen kerzenförmigen Blütenständen aus rosabis lilafarbenen, gefleckten »Hütchen«. Für den Garten allerdings sind der Wildpflanze die weißen, blaßgelben oder pfirsichfarbenen (›Sutton's Apricot‹) Kulturvarietäten vorzuziehen. Für besondere Geschmäcker gibt es die Excelsior-Hybriden mit ihren großen, an Mini-Lautsprecher erinnernden, rund um den Stengel angeordneten Blüten oder die riesigen *D. gloxiniiflora*-Auslesen. Die einzige Möglichkeit, den Erhalt dieser großblütigen Fingerhutformen zu gewährleisten, ist die, jedes Jahr frisches Saatgut bei einem anerkannten Samenhandel zu kaufen. Wenn Sie den vornehmeren, blassen Fingerhut vorziehen, können Sie lilafarbene Formen ohne Aufwand ausmerzen, indem Sie die um die Elternpflanzen erscheinenden Sämlinge auf einen lila Hauch an den Blattstengeln durchsehen und Exemplare, die eine solche Färbung aufweisen, entfernen. All diejenigen mit reingrünen Blattstengeln werden blasse Blüten hervorbringen, wobei sich allerdings nicht vorhersagen läßt, ob sie weiß, blaßgelb oder pfirsichfarben ausfallen werden.

Der Judassilberling, *Lunaria annua* (syn. *L. biennis*), ist eine weitere zweijährige Pflanze, die sich freundlicherweise selbst aussät. Darüber hinaus ist sie gleich in zwei Jahreszeiten von dekorativem Wert: im Frühling, wenn sich ihre violett-purpurnen Blüten öffnen, und im Herbst, wenn die papierenen Samenkapseln sich in »Judassilberlinge« verwandeln.

Es existieren Auslesen mit weißen (›Alba‹) oder kräftig lilafarbenen Blüten (›Munstead Purple‹) sowie mit panaschierten Blättern. ›Haslemere‹ beispielsweise hat cremefarben gemusterte Blätter und purpurviolette

SEITE 78 Im kühlen Schatten der Laubbäume schlängelt sich ein unregelmäßiges, von Moos überwachsenes Mäuerchen an einem niedrigen Wall entlang, auf dem sich weiße, aus dem Dunkel hervorleuchtende Nachtviolen (*Hesperis matronalis* ›Alba‹) selbst ausgesät haben. Efeu und die wuchernde Taubnessel *Lamium galeobdolon* halten auf der anderen Seite des Weges das Unkraut in Schach, doch bedürfen sie selbst ebenfalls der Kontrolle.

RECHTS Sowohl das zweijährige *Smyrnium perfoliatum* als auch der weiß- oder lilablühende Judassilberling, *Lunaria biennis* (syn. *L. annua*), sorgen durch Selbstaussaat für den Fortbestand der Art und lassen in schattigen Winkeln solche natürlichen Pflanzgruppen entstehen, die weitgehend sich selbst überlassen werden können.

Blüten, ›Stella‹ trägt über großzügig weiß panaschierten Blättern weiße Blüten. Die Panaschierung zeigt sich nicht immer gleich. Lassen Sie den Sämlingen deshalb ein wenig Zeit, sich zu entwickeln, bevor Sie sie in der Befürchtung, sie könnten einfarbig grün bleiben, voreilig aussondern.

Nicht vergessen werden sollte bei dieser Auswahl das perennierende Silberblatt, *Lunaria rediviva,* mit seinen mauvefarbenen Blüten und elliptischen Samenschoten. Der weiße Judassilberling sieht besonders gut zusammen mit *Smyrnium perfoliatum* aus, einer zweijährigen Pflanze mit großen, grellgelben Tragblättern im Frühling, die an Wolfsmilch erinnert und sich immer wieder selbst aussät.

Die zartlila oder weiß blühende Nachtviole, *Hesperis matronalis,* ist eine zweijährige bis ausdauernde Pflanze, die sich durch Selbstaussaat vermehrt und an Sommerabenden die Luft Ihres Gartens mit ihrem warmen Levkojenduft erfüllt. In kleinen Gärten bedarf sie der Kontrolle, aber die Mühe wird durch den Duft reichlich belohnt.

Der Frühling ist die Jahreszeit für das Vergißmeinnicht, das häufig zusammen mit Tulpen als Beetpflanze Verwendung findet, aber ebenso in verwilderte Ecken paßt und dort zwischen Sträuchern oder unter Obstbäumen auf lichten Wiesen gedeiht. Es gibt auch Auslesen mit Blüten in einem dunkleren Blau und in Rosa. Wem das ursprüngliche, hübsche, blasse Vergißmeinnicht immer noch am besten gefällt, der hat weiter keine Mühe mit ihm, da es sich von Jahr zu Jahr selbst aussät. Man sollte nur aufpassen, daß es nicht überhandnimmt.

Blasse Farbtöne in der Dämmerung

Aus einer Kombination von verschiedenen Pflanzen mit weiß panaschierten Blättern, blaß bläulich-grünem oder silbrigem Laub und weißen oder sehr blassen Blüten in Creme, Blaßgelb, kühlem Violett oder Zartrosa können Sie in Ihrem Schattengarten eine Pflanzung anlegen, die bei Einbruch der Dämmerung wie mondbeschienen wirkt. Durch einen dunklen Hintergrund, etwa aus gestutzten Eibenhecken oder hochgewachsener Ilex, läßt sich die Wirkung noch erheblich steigern, und auch innerhalb der blaß leuchtenden Schattenpflanzung sorgt dunkleres Laub für Kontraste.

Solche Pflanzgruppen gedeihen am besten in durchbrochenem oder nur während einer Tageshälfte fallendem Schatten oder aber in dem offenen Schatten von entfernt stehenden Bäumen oder Gebäuden. An sehr dunklen Standorten gelangen nur wenige Pflanzen zur Blüte, wie sich aus den Ratschlägen zum Umgang mit problematischem Schatten auf Seite 18 unschwer folgern läßt. So verlockend die Vorstellung von weißen Blüten in dichtem, dunklem Schatten auch sein mag, schlagen Sie es sich aus dem Kopf – es wird nicht funktionieren.

UNTEN Von links nach rechts: *Anemone narcissiflora, Fritillaria meleagris* ›Alba‹, *Viola odorata* ›Alba‹ – mit *Convallaria majalis* (Maiglöckchen) im Hintergrund – und *Tiarella cordifolia*. In der hinteren Reihe überragt weißer Fingerhut *(Digitalis purpurea* ›Alba‹) neben einer Waldhasel (*Corylus avellana*) die Gruppe.

SEITE 81 OBEN Von links nach rechts. *Primula denticulata, Astilbe* ›Praecox Alba‹, *Astilboides tabularis, Hosta undulata* var. *undulata, Gentiana asclepiadea* ›Alba‹.

Verschiedene Wildpflanzen für ein Strauchgehölz

Anemone narcissiflora: weiße, mauvefarben überhauchte Blüten in Dolden zu sechst oder mehr Blüten auf 60 cm hohen Stengeln im Frühsommer.
Convallaria majalis: Maiglöckchen.

Digitalis purpurea ›Alba‹: weißer Fingerhut; Achtung: verdrängt durch reichliche Selbstaussaat leicht kleinere Pflanzen.
Fritillaria meleagris ›Alba‹: exquisiter Albino der Schachbrettblume.

Tiarella cordifolia: im Sommer lockere, elfenbeinfarbene Blütentrauben über herzförmigen Blättern.
Viola odorata ›Alba‹: weiße, süß duftende Veilchen im zeitigen Frühjahr.

Pflanzgruppe für feuchte Böden

Astilbe ›Praecox Alba‹: kleine, zarte Prachtspiere mit Federbüschen aus schaumigen, weißen Blüten im Sommer und grünem, hübsch gefiedertem Laub.
Astilboides tabularis (syn. *Rodgersia tabularis)*: große, schildförmige, gelblich-grüne Blätter mit flach eingebuchteten Rändern.
Gentiana asclepiadea ›Alba‹: weiße Form des herbstblühenden Schwalbenwurzenzians.
Hosta undulata var. *undulata:* überwiegend weiße Blätter mit grünem Rand und gedrehter Blattspitze.
Primula denticulata ›Alba‹: frühlingsblühende, weiße Kugelprimel.

Pflanzgruppe für eine Rabatte

Hebe rakaiensis: niedrige, breite Kuppel aus apfelgrünem Laub.
Nemophila maculata: weiße Blüten mit indigofarbenen Tupfen an den oberen Petalenrändern.
Philadelphus coronarius ›Bowles' Variety‹: weiß panaschierte Blätter; im Sommer duftende, cremefarbene Blüten.
Phillyrea latifolia: dunkelglitzernder, immergrüner Strauch.
Phlox ›Mia Ruys‹: niederwüchsig; formt im Sommer weiße Blütenkissen; warmer würziger Duft.

LINKS Von links nach rechts – vorne: *Hebe rakaiensis, Nemophila macu lata, Phlox* ›Mia Ruys‹; – hinten: *Phillyrea latifolia, Philadelphus coronarius* ›Bowles' Variety‹.

LIEBHABERPFLANZEN

Wenn die Pflanzen des vorhergehenden Kapitels mit den Bildern an der Wand verglichen wurden, mit denen man einer neu eingerichteten Wohnung Farbe verleiht, so sind die Gewächse, die ich im folgenden ansprechen möchte, eher wie kleine Schmuckstücke, die man auf den Kaminsims stellt. Es sind Pflanzen, die man von nahem betrachten möchte, um die feinen Einzelheiten und Konturen, die Form eines Blattes oder die zarten Äderchen in einer Blüte zu bewundern. Einige von ihnen sind einfach zu kultivieren, andere machen es einem nicht ganz so leicht, lohnen aber die Mühe. Manche faszinieren einen vielleicht so sehr, daß man zum Sammler wird und erst dann zur Ruhe kommt, wenn man alle Formen des Scharbockskrautes, der Waldanemone oder der empfindlichen gefüllt-blühenden Primel beisammen hat.

Der botanische Name der Waldlilie, *Trillium*, kommt von der Dreizahl ihrer Blätter – drei Laub-, drei Kelch- und drei Blütenblätter. Eine der ansehnlichsten und robustesten Arten ist die aus Nordamerika stammende *T. grandiflorum*, deren weiße Blüten hier vom dunklen Laub des Rhabarbers *Rheum australe* (syn. *R. emodi*) abstechen.

Kleine, seltene Waldpflanzen

Für diese und andere kleine Schätze sollte man sich die Mühe machen, ein Beet mit idealer Gartenerde (Seite 26) anzulegen. Selbst ein scheinbar hoffnungsloser Gartenwinkel kann so in ein Schmuckbeet verwandelt werden, vorausgesetzt er weist Halb- oder Streuschatten auf. In einem meiner Gärten gab es eine heikle Ecke zwischen der Garage und einem Wall, auf dem ein alter Apfelbaum stand. Ich stützte den Wall unten ab und füllte schubkarrenweise Schattengartenerde auf, wobei ich den anstehenden, ziemlich sandigen Lehm des Abhangs mit untermischte. Zur Begrenzung des Hanges baute ich niedrige Mauern aus Stein (Seite 92), da ich eine Menge dünner Sandsteinplatten zur Verfügung hatte. Alte Holzbalken – sofern nicht mit schädlicher Imprägnierung behandelt – hätten natürlich ebenso gute Dienste geleistet.

Vielen meiner kostbaren Waldgewächse war dieses Eckbeet ein erstes Zuhause, und bald hatte ich von einigen genug beisammen, um sie in Kolonien zwischen die Sträucher oben auf den Wall zu setzen, wo sie fortan allein zurechtkommen mußten.

Am Preis einer Pflanze und daran, wie schwer oder leicht sie im Handel erhältlich ist, kann man in etwa ablesen, wie schwierig sie zu kultivieren ist. Je mehr ich für eine neue Schattenpflanze bezahlen muß bzw. je mehr Probleme ich habe, sie aufzuspüren, desto mehr Mühe verwende ich natürlich gerade am Anfang auf ihre Pflege.

Relativ einfach zu kultivierende Vertreter des *Trillium*, eines Verwandten der Lilie mit dreiteiligen Blättern und Blütenpetalen, pflanzt man hingegen schon eher in eine weniger kontrollierte Umgebung. *Trillium grandiflorum* ist beispielsweise ohne weiteres im Handel erhältlich, und auch noch ein paar andere Arten sind nicht allzuschwer aufzutreiben (Seite 118). Die gefüllte Waldlilie und einige der zwergwüchsigen Arten dagegen sind nicht so leicht zu bekommen und verdienen eine besondere Behandlung.

LINKS Das gefüllt blühende Dreiblatt *Trillium grandiflorum* f. *flore-pleno* ist eine schattenliebende Pflanze von seltener Schönheit, die in Einzelstellung in allerbeste, humusreiche Erde gesetzt werden sollte. Wenn Sie sie aber dennoch mit einer anderen Pflanze kombinieren wollen, dann wählen Sie als Pflanzpartner erlesene Scheinmohnblumen aus dem Himalaja, wie z. B. *Meconopsis grandis* GS600 oder *M.* × *sheldonii* ›Slieve Donard‹.

Wo sich der Winterling (*Eranthis hyemalis*) wohl fühlt, gedeiht er unter den denkbar ungünstigsten Bedingungen sogar auf Ton oder Sand. Aber er ist launisch und wächst unter Umständen in keinem anderen Garten. Setzen Sie ihn zunächst probeweise in optimal zusammengesetzte Erde; wächst er, so können Sie versuchen, ihn zwischen Sträuchern und unter Bäumen anzusiedeln. *E. hyemalis* ›Guinea Gold‹ ist eine hochwertige Sorte, die zur gleichen Zeit wie die bekannteste Schneeglöckchen-Art, *Galanthus nivalis*, an langen Stengeln große Blüten treibt.

Die meisten Salomonssiegel (*Polygonatum*) stellen keine besonderen Ansprüche, und ihre eleganten, übergebogenen Stengel, an denen zarte, weiße Blütenglöckchen hängen, nehmen sich zwischen edlen Sträuchern vorzüglich aus. Eins der erlesensten unter den kleinwüchsigen Arten ist *P. falcatum*, das langsam ein Dickicht von gerade 30 cm Höhe bildet und damit nicht halb so hoch ist wie das bei uns heimische *P.* × *hybridum* oder wie *P. multiflorum*. Die Blätter des *P. falcatum* ›Variegatum‹ besitzen einen weißen, rosa überhauchten Rand und passen wunderbar zum rosafarbenen Maiglöckchen, *Convallaria majalis* ›Rosea‹. Beschreibungen weiterer Salomonssiegel, ob mit schlicht grünen oder panaschierten Blättern, finden Sie im Pflanzenführer am Ende dieses Buches (Seite 116). Auch die ebenfalls verwandten *Disporum*-Arten sollten zur Anzucht in nährstoffreiche Lauberde gesetzt werden. *Disporum smithii* und *D. hookeri* var. *oreganum* haben grasgrüne Blätter und treiben im Frühling ihre rahmweißen Blüten, auf die orangefarbene Früchte folgen. Von dem mit 60 cm doppelt so hohen *D. sessile* gibt es eine hübsche Sorte namens ›Variegatum‹, deren schmale Blätter weiß gestreift sind.

Die Clintonien ähneln in ihren Blättern den Maiglöckchen, doch breiten sie sich auch auf schattigem, humusreichem Boden, wie sie ihn lieben, nur langsam aus und werden selten lästig. *Clintonia andrewsiana* trägt auf 60 cm hohen Stengeln Büschel rosenroter Glöckchen, denen später dunkelblaue Beeren folgen; die nur halb so hohe *C. borealis* dagegen hat grünlichgelbe Blüten, und die der *C. umbellulata* sind weiß und duftend. Als – wenn auch sehr gemäßigter – Bodendecker scheint mir *Reineckea carnea* mit ihren dichten Büscheln aus recht blassen, grasartigen Blättern geeigneter zu sein. Im frühen Sommer treibt sie leuchtendrosa Blüten.

Das Schattenblümchen, *Maianthemum bifolium*, wuchert sehr stark und ist daher nicht für fein komponierte Ecken, sondern für die Strauchrabatte bestimmt, wo der schnell entstehende Teppich mai-glöckchenähnlicher Blätter, aus dem im Spätfrühling kleine Trauben cremefarbener Blüten herausragen, keinen Schaden anrichten kann.

Der deutsche Name des in Nordamerika beheimateten *Podophyllum peltatum*, Maiapfel, erklärt sich aus seiner Blütezeit und seinen eigenartigen Früchten, doch sind es vor allem die fußförmig eingeschnittenen Blätter, die die Aufmerksamkeit auf sich ziehen, wie schon der andere, in der Umgangssprache verwendete Name »Fußblatt« besagt. Eine weitere, relativ weitverbreitete Art ist das in Asien beheimatete *P. hexandrum* (syn. *P. emodi*).

Das Schirmblatt, *Diphylleia cymosa*, hat ähnliche Blätter, wird jedoch wesentlich seltener in Kultur genommen. Am wirkungsvollsten ist es während seines blauen, ins Lila spielenden Fruchtschmuckes auf rötlichen Stielen. Blaue Beeren kennzeichnen auch *Caulophyllum thalictroides,* das an jedem etwa 60 cm langen Stengel ein großes, eingeschnittenes Blatt und dunkelblaue, gut erbsengroße Früchte trägt. Eine exquisite Rarität ist *Glaucidium palmatum,* eine japanische Waldpflanze mit großen, zarten, mohnblumenähnlichen Blüten in Violett oder Weiß auf 60 cm hohen Stengeln und Blättern, die an jene des Maiapfels erinnern.

OBEN In diesem Frühlingshain breiten Haselnußbäume (*Corylus avellana*) ihr freundliches Blätterdach über Farne und Blumen blaublühende *Omphalodes cappadocica*, immergrüne *Euphorbia amygdaloides* var. *robbiae,* weiße und rosafarbene Hasenglöckchen, einige blaßgelbe Fritillarien und eine einzelne gelbe *Meconopsis cambrica*.

Waldblumen für Frühling und Herbst

Bei Mohnblumen denkt man unwillkürlich an scharlachrote Sonnenanbeter, aber neben dem im Himalaja beheimateten, blauen Scheinmohn gibt es noch eine ganze Reihe mohnverwandter Arten, die zum Gedeihen kühlen Laubboden und Windschutz brauchen. *Eomecon chionantha* ist wahrscheinlich zu flächengreifend, um für ein Schaubeet mit Liebhaberpflanzen geeignet zu sein, aber zwischen Sträuchern darf diese Pflanze sich ruhig ausbreiten. Sie besitzt große, rundliche, bläulich-grüne Blätter und nickende, weiße Blüten mit gelben Staubgefäßen.

Die Blutwurz, *Sanguinaria canadensis,* ist zurückhaltender und hat ebenso schönes, blasses, wächsernes Laub. Unabhängig davon wird die gefüllt-blühende Blutwurzform ›Plena‹ der *Eomecon chionantha* meist vorgezogen, da sich ihre reinweißen, vielpetaligen Blüten länger halten als deren kurzlebige, einfache. Die Wurzeln dieser beiden Mohngewächse enthalten einen orangefarbenen oder roten Saft und »bluten« deshalb, wenn sie verletzt werden.

Das Mohngewächs *Stylophorum diphyllum* ähnelt mit seinen blaßgrünen oder bläulich genetzten, behaarten Blättern und goldgelben Mohnblüten auf 30 cm langen Stengeln im Frühling und Sommer ein wenig dem Schöllkraut. Die Vermehrung kann durch Teilung oder – allerdings bescheidene – Selbstaussaat erfolgen. Der Japanische Mohn, *Hylomecon japonica,* bildet mit der Zeit dichte Büschel frischgrüner, gefiederter Blätter und schmückt sich bereits im Frühling mit zitronengelben Schalenblüten.

Von den blauen, gelben und weißen Scheinmohn-Arten (Beschreibung im Kapitel »Die wichtigsten Pflanzen für den schattigen Garten«, Seite 115) ist die eher zierliche *Meconopsis quintuplinervia* die einzige, die ich in das Beet besonders wertvoller Pflanzen nehmen würde. Alle anderen verdienen ebenfalls ausgezeichneten Boden und Schutz, doch aufgrund ihrer Ausmaße sollten sie zwischen Sträucher (kombinieren Sie beispielsweise *M. grandis* GS600 mit der Azalee ›Daviesii‹ und gelben Primeln) oder in den durchbrochenen Schatten von Bäumen gesetzt werden.

Meconopsis quintuplinervia hat nicht wie ihre größeren Vetter leuchtendazur- oder -ultramarinblaue, sondern lavendelblaue Blüten, deren zarte Färbung gut zu einem sanften Gelb wie dem des zwergwüchsigen *Rhododendron sargentianum* paßt. Blaue Blüten üben durchweg eine besondere Faszination aus, und das in Nordamerika beheimatete Blauglöckchen *Mertensia pulmonarioides* (syn. *M. virginica*) macht da keine Ausnahme. Sein graugrünes Laub gibt den idealen Rahmen für die sich im Frühling öffnenden, schmalen, nickenden Glöckchen ab. Die Pflanze zieht bis zum Hochsommer ganz ein.

SEITE 86 Der Waldboden erwacht zu neuem Leben, lange bevor an den Bäumen die jungen Blätter hervorbrechen. Schneeglöckchen und Winterling (*Eranthis hyemalis*) haben sich hier ihren Weg durch eine bemooste Fläche gebahnt. Mindestens ebensoviel Reiz wie diese Frühlingsboten bietet dabei das Spiel des Sonnenlichts auf den kahlen Zweigen und dem kurzgeschorenen Rasen im Hintergrund.

OBEN LINKS Diese Kissenprimeln (*Primula vulgaris*) in stark laubhaltigem Untergrund sind ein Sinnbild des Frühlings.

OBEN RECHTS ›Lady Doneraile‹, eine außergewöhnliche Sorte des Buschwindröschens (*Anemone nemorosa*), zeichnet sich durch ihre großen, wohlgeformten, weißen Blüten aus. Für sie gilt das gleiche wie für die wilde Primel: In einer schlichten Umgebung kommt sie am besten zur Geltung.

So wie dieses Blauglöckchen sind auch die meisten anderen Waldpflanzen Frühlingsblüher, doch gibt es durchaus auch einige, die bis zum Sommer oder sogar Herbst warten. *Deinanthe caerulea* ist mit ihren nickenden, fleischigen, schieferblauen Blüten und rundlichen Blättern an rötlichen Stengeln eine Pflanze von unaufdringlichem Charme.

Die Einbeere, *Paris polyphylla,* ist, obgleich sie lediglich unterschiedliche Grüntöne aufweist, in ihrem Habitus wesentlich auffälliger: 90 cm hohe Stengel tragen am Ende quirlartig angeordnete, zugespitzte Blätter und eine langgestielte, zarte Blüte aus strahlenförmigen, grünen Kelchblättern und fadendünnen, gelblich-grünen Kronblättern, aus deren Mitte eine lilafarbene Narbe herausragt.

Die Mehrzahl der Krötenlilien (Gattung *Tricyrtis*) blüht im Spätsommer oder Herbst. Die größeren Arten wie *T. latifolia,* die getupfte *T. formosana* und die weiße *T. hirta* mit lila Flecken können zwischen Sträuchern sich selbst überlassen werden, doch all den Arten mit federballähnlichen Blüten wie *T. macranthopsis* würde ich einen besonderen Platz zukommen lassen. Die im frühen Herbst erscheinenden, üppigen, schneeweißen Blütenrispen der *Saxifraga cortusifolia* var. *fortunei* stehen über breiten, glänzenden, unterseits rotbraunen Blättern. Die Sorte ›Wada‹ weist eine solche burgunderfarbene Tönung auch auf der Blattoberseite auf und ist daher der ideale Begleiter für weinrot gesprenkelte Krotenlilien.

Wer ein besonderes Faible für Sprenkel und Karomuster hat, der wird den Fritillarien nicht widerstehen können. Die auch unter dem Namen Kibitzblume bekannte Schachbrettblume, *Fritillaria meleagris,* gedeiht am besten auf sumpfigen Wiesen. So gibt es auf einigen Wiesen in Südengland, die schon seit 900 Jahren auf die gleiche Art und Weise bestellt werden, heute noch riesige Kolonien, die das Gras im späten Frühling dicht mit ihren weinroten Blüten und hier und da einem blassen Albino durchsetzen. Viele Fritillarien stehen gern sonnig, aber es gibt auch welche, die ein kühleres Milieu bevorzugen. Eine Auswahl davon finden Sie im Kapitel »Die wichtigsten Pflanzen für den schattigen Garten« (Seite 109).

Noch bizarrer als die Krötenlilien und die Fritillarien sind wohl die Aronstabgewächse. *Arisarum proboscideum* verdankt seinen im englischsprachigen Raum üblichen Namen ›Mäusepflanze‹ den kleinen, rötlichbraunen Blüten mit langen Schwänzen, die so aussehen, als würde eine ganze Mäusefamilie Zuflucht in den Matten kleiner, pfeilförmiger Blätter suchen. Ungeachtet ihrer Kleinwüchsigkeit breitet sich diese Pflanze bereitwillig aus und gehört daher besser in das Strauchareal als in das Schmuckbeet mit langsam wachsenden Pretiosen.

Ein anderes anspruchsloses Mitglied der *Araceae*-Familie ist der Feuerkolben *Arisaema triphyllum* (syn. *A. atrorubens*) mit grüner, oftmals kräftig lila gestreifter Spatha, der ein Kolben aus leuchtendscharlachroten Beeren folgt.

Andere *Arisaema*-Arten imitieren Schnecken (so *A. griffithii* mit eingerollter Spatha in Grün bis Braun mit weißem Adernetz und gewellten Rändern), Helme (*A. ringens*) oder Schlangen (*A. speciosum,* dessen samtige, rötlich-braune Spatha mit ihrer langen lilafarbenen Spitze einen cremefarbenen Kolben überragt). Sie alle besitzen eindrucksvolles, dreiteilig gelapptes, glänzendes Laub und oftmals braune Sprenkel auf den grünen Stengeln. Bei anderen wie dem *A. consanguineum* besteht jedes Blatt aus 20 schmalen Blättchen. Zwei Arten sind wirklich schön und nicht nur bizarr: *A. candidissimum,* dessen reinweiße Spatha im Schlund blaßrosa und außen grün gestreift ist und im Hochsommer noch vor den breiten Blättern plötzlich aus der nackten Erde bricht, sowie *A. sikokianum* mit dickem, rahmweißem Kolben, der im Frühling von einer hübschen, dunkelpurpurnen Spatha eingehüllt wird.

Domestizierte Wildpflanzen

Dianella caerulea
Die zu den Liliengewächsen gehörende Gattung *Dianella* ist nach Diana, der römischen Göttin der Jagd, benannt. Die Pflanzen dieser Gattung sind auf der Südhalbkugel beheimatet und brauchen einen warmen Standort in schattiger Lage. In Australien sind sie aufgrund ihrer zähen, kräftigen, immergrünen Blätter auch unter dem Namen »Flachslilien« bekannt. Ihre schlanken Stengel tragen lockere Büschel kleiner, sternförmiger, blaßblauer Blüten mit gelben Staubgefäßen; ihre ganze Pracht entfaltet *Dianella caerulea* jedoch erst im Herbst, wenn ihre königsblauen Beeren heranreifen, die sich mehrere Wochen lang halten.

Früher war das Gärtnern in erster Linie eine nutzbringende Angelegenheit: Man baute Pflanzen als Nahrungsmittel oder für medizinische und häusliche Zwecke an, der schmückende Aspekt war weit weniger wichtig. Eine Ausnahme machten sonderbare oder ungewöhnlich schöne Blumen, und so wurden Primeln, die ihren Blüten grüne Halskrausen anlegten (was ihnen im Englischen den Spitznamen »Jack-in-the-Green« eintrug), oder Waldanemonen, die statt in dem üblichen weißen, rosa überhauchten Blütenkleid im zartblauen Gewand daherkamen, liebevoll gepflegt. Auch vom Duftveilchen, *Viola odorata,* existieren viele verschiedene Kulturvarietäten, die sich zudem alle durch ihren wundervollen Duft auszeichnen. Sie haben die merkwürdige Eigenschaft, den Geruchssin zu betäuben, so daß man nach dem ersten erhaschten Hauch noch so intensiv einatmen kann – man wird einfach nichts mehr riechen. Doch keine Sorge, entfernt man sich eine Weile, so erholt sich unser Geruchssinn und kann den Veilchenduft wieder wahrnehmen.

Neben den blau-violetten und kaum weniger verbreiteten weißen Formen züchtete man durch Auslese Duftveilchen in kräftigem Purpurviolett, Azurblau, einem Blau so blaß wie Magermilch, Pink, Rosenrot und verschiedenen Bernsteintönen. Im Gegensatz zu den üblicheren blauen und weißen Veilchen breiten sich diese Auslesen nur allzu langsam aus. Neue Kolonien lassen sich am besten durch Rhizomteilung anlegen. Hüten Sie sich in Ihrem schattigen Schaubeet vor dem blaßschieferblauen Hundsveilchen, *Viola canina,* und der ebenso gefärbten *V. riviniana,* der leicht lilablättrigen *V. labradorica* und der rosafarbenen *V. rupestris* ›Rosea‹ – sie alle werden durch starke Selbstaussaat schnell lästig, und auch die gelbblühenden Arten *V. pensylvanica* und *V. glabella* sind da nicht viel besser. Siedeln Sie diese Arten deshalb lieber nur zwischen Sträuchern an, wo sie keinen Schaden anrichten können, oder kombinieren Sie sie mit anderen niederwüchsigen, ebenso kräftigen Pflanzen wie den meisten der kleinen Taubnesseln.

Veilchen mit nichtduftenden, zweiseitig symmetrischen Blüten wie *Viola papilionacea* wuchern weniger stark, und ihre großen, weit geöffneten Blüten sind wirklich bezaubernd. Eins der schönsten ist *V. obliqua (*syn. *V. cucullata)* ›Albiflora‹ mit seinen großen, reinweißen Blüten, deren untere Petalen zart mauvefarben gestrichelt sind. Alle Veilchen aus dieser Gruppe ziehen restlos ein und überdauern den Winter in Rhizomen. Man sollte ihren Platz deshalb mit einem Stöckchen markieren, um dort versehentlich nicht noch etwas anderes zu pflanzen. Das in den Pyrenäen beheimatete Hornveilchen, *V. cornuta,* ist eher für die Rabatte bestimmt, da es sich zwischen seinen Nachbarn durchschlängelt und man nicht vorhersagen kann, wo es seine kecken lavendelfarbenen, weißen oder nahezu blauen Blütenköpfe in die Höhe recken wird. Es behauptet sich beispielsweise gegen *Alchemilla mollis* und eine stämmige Funkie wie *Hosta sieboldiana* und kämpft sich selbst durch das untere Zweigwerk eines benachbarten Strauches.

Bei dem veilchenähnlichen Hundszahn der europäischen Wälder handelt es sich keineswegs um einen Ableger des Veilchens, sondern um einen kleinen Verwandten der Lilie. *Erythronium dens-canis* hat glatte, rötlich-braun gefleckte Blätter und nickende Blüten in Zartrosa, Violett oder Weiß. Am gartenwürdigsten sind bestimmte Kulturvarietäten (Seite 108), deren Anzucht in einem Beet mit hochwertiger Schattenerde erfolgen sollte. Sobald man eine ordentliche Anzahl beisammen hat, können einige zum Verwildern versuchsweise in eine lichte Grasfläche unter Bäume gesetzt werden. Nordamerika ist die Heimat vieler schöner *Erythronium*-Arten, die wegen ihrer marmorierten Blätter auch unter dem Namen »Forellenlilien« bekannt sind. Auch diese Gattung sollte sich bei zusagendem Standort auf kühlem Laubhumusboden recht schnell ausbreiten.

Waldanemonen neigen dazu, sich stark zu vermehren, aber mit ihren schlanken Rhizomen und dünngestielten Blättern werden sie wohl kaum zum Problem, es sei denn, sie stehen zwischen besonders kostbaren Winzlingen. Die blauen und die gefüllten Arten sowie die cremefarbene Hybride zwischen *Anemone nemorosa* und der gelben *A. ranunculoides* namens *A.* × *lipsiensis* (syn. *A.* × *seemannii)* eignen sich besonders für die Betrachtung aus nächster Nähe, aber sie alle kommen auch in der rauheren Umgebung einer Strauchpflanzung zurecht und breiten dort im Frühling ihren Blütenteppich aus. Wundern Sie sich, nachdem Sie ein Büschel mitsamt dem Wurzelstock ausgegraben und versetzt haben, nicht, wenn an der ursprünglichen Stelle nach einer Weile wieder fast genauso viele Waldanemonen stehen wie an der neuen, denn selbst sehr kleine Rhizomstücke wachsen weiter.

Das Scharbockskraut, *Ranunculus ficaria,* kann schnell zur Plage werden, aber seinen weniger wuchernden Sorten (Seite 117) gebührt ein besonderes Plätzchen im Garten. Die Blütenfarben bewegen sich zwischen Schneeweiß und kupfernem Orange, die Formen zwischen klaren einfachen und schön gleichmäßig gefüllten Blüten. Eine ursprünglich in einem Wäldchen in Südengland gefundene Spielart besitzt die gewöhnlichen glänzenden, leuchtendzitronengelben Blüten der Art, unterscheidet sich aber durch die fast schon schwarzen Blätter. Für diese Auslesen gilt in noch stärkerem Maße als für die Waldanemonen, daß man sie zunächst zwischen Steine in ein kleines Lauberdebeet setzen sollte, bevor man sie der Konkurrenz durch größere Pflanzen aussetzt.

UNTEN Waldblumen – rosafarbene Buschwindröschen (*Anemone nemorosa*) und Waldveilchen (*Viola sylvestris* syn. *V. reichenbachiana* – mischen sich in dieser Frühlingsgruppe mit den Blättern einer Nieswurz, deren nickende, noch fest geschlossene Knospen sich erst im Spätfrühling öffnen.

OBEN Hundszähne wie dieses rosafarbene *Erythronium revolutum* und das weiße *E. oregonum* sind aufgrund ihrer Blattmarmorierung auch unter dem Namen Forellenlilien bekannt. In kühlem, humosem Boden fühlen sie sich am wohlsten.

OBEN Eine der erlesensten Primeln ist *Primula whitei*, die eiförmige Überwinterungsknospen bildet, aus denen im zeitigen Frühjahr Rosetten weiß bemehlter Blätter sprießen. In ihrer Mitte bergen sie ein Büschel blaßvioletter Blüten mit weißem Auge. Diese und andere Primeln aus der Sektion Petiolaris brauchen kühlen, humosen Boden und hohe Luftfeuchtigkeit.

Primeln – alte Bekannte und Raritäten

Primeln sind Pflanzen für den kühlen Schatten. Auf sonnenabgewandten Abhängen mit dünnem Grasbewuchs oder unter lichten Bäumen vermehrt sich die blasse *Primula vulgaris* durch Selbstaussaat. Es gibt sie in vielen verschiedenen Farben und Formen; gefülltblühende gehören ebenso dazu wie »Jack-in-the-Green«-Typen.

Diese Primeln sind jedoch empfindlich, und wenn sie nicht regelmäßig geteilt und in frische, humose Erde gesetzt werden, sterben sie leicht aus. Außerdem reagieren sie äußerst sensibel auf trockene Luft. Wenn sie gedeihen sollen, ist Schutz vor warmen und trockenen Winden daher von größter Wichtigkeit.

Hybriden aus der Kreuzung mit *Primula juliae* sind im allgemeinen robuster als der reine *P.-vulgaris*-Typus, und ›Wanda‹, jene beliebte, leuchtendmagentarote Primel, scheint unter nahezu allen Bedingungen zu gedeihen. Abwechselnd mit *Viola labradorica* ›Purpurea‹ und *Lamium maculatum* ›Beacon Silver‹ wird ›Wanda‹ manchmal sogar in einer Art dauerhaftem, streng komponiertem Pflanzsockel verwendet. Der Effekt ist eine Sinfonie aus Lila-, Magentarot- und Rosatönen inmitten kontrastierender purpurner und silbriger Blätter.

Zu den weniger schwierigen Primeln vom Typus der *Primula vulgaris* gehören ssp. *sibthorpii* in blassem Mauve, die leuchtendere ›Groeneken's Glory‹ in Lila-Rosenrot und ›Schneekissen‹ in Weiß. Bei ›Garryarde Guinevere‹ heben sich die zarten, malvenfarbenen Blüten schön gegen die dunklen Blätter ab. Da sich diese Kulturvarietät leicht mit der wilden Primel kreuzt, erhält man manchmal zauberhafte Sämlinge, die die dunkle Blattfärbung ihres einen Elters mit einer cremefarbenen oder äußerst blassen, gräulich-weißen Blüte in sich vereinen. Unscheinbare Exemplare können einfach in irgendeine Ecke zwischen Sträucher gesteckt werden; Ihren Lieblingsprimeln sollten Sie dagegen einen auffälligeren Standort geben.

Blaue Primeln können es, was Intensität und Reinheit des Farbtons anbelangt, zwar nicht gerade mit dem Enzian aufnehmen, doch ist ihr Blau klarer als das vieler anderer, in Katalogen als »blau« bezeichneter Blumen. ›Blue Riband‹, die allerdings ohne das leuchtendgelbe Auge schöner wäre, ist eine der anspruchslosesten unter ihnen.

Kleiner als diese großwüchsigen Primeln ist die Polyantha-Hybride ›Kinlough Beauty‹ mit bunten Streifen auf rosafarbenem Grund, doch es gibt noch wesentlich zierlichere: ›Lady Greer‹ und ›McWatt's Cream‹ sind richtiggehende Zwerge mit cremefarbenen Blüten auf schlanken Stengeln.

Wer die Herausforderung sucht, sollte es mit den gefüllt-blühenden Sorten versuchen. Die pfirsichrosafarbene ›Sue Jervis‹, die altbekannte ›Alba Plena‹ in Weiß und die fliederfarbene ›Lilacina Plena‹ gehören zu den weniger schwierigen gefüllten Primeln. Immer wieder erscheinen neue Formen auf dem Markt und andere verschwinden, aber ein paar ältere gefüllte oder sonst außergewöhnliche Varietäten haben in der Kultivierung immer noch ihren festen Platz.

Mit der Anzucht von Primeln aus Samen kann man viel Freude haben. Einige Samenhändler bieten Auslesen an, die einen hohen Prozentsatz gefülltblühender Pflanzen hervorbringen. Wenn man Glück hat, findet man darunter vielleicht sogar eine himmelblaue, an die inzwischen wahrscheinlich ausgestorbene ›Buxton's Blue‹ erinnernde Primel oder eine gefüllt-blühende vom »Jack-in-the-Green«-Typus wie die weiße ›Dawn Ansell‹.

Die Gattung *Primula* ist sehr groß und äußerst variabel. Sie umfaßt sowohl so anspruchslose Arten wie die Kugelprimel, *P. denticulata,* mit ihren runden Köpfen lila, weißer oder purpurroter Blüten, als auch sol-

che, die selbst für die wahren Profis unter den Gärtnern eine Herausforderung darstellen.

Botanisch wird die Gattung in verschiedene Sektionen gegliedert. Die Sektion der Etagenprimeln umfaßt etwa 30 Arten, darunter die feuchtigkeitsliebende *P. japonica* und andere, deren quirlartig angeordnete Blüten ebenfalls in mehreren Etagen am Schaft stehen.

Zur Sektion der Glockenprimeln gehören etwa zwölf Arten – *P. sikkimensis* und die riesige *P. florindae* ebenso wie die zwergwüchsige *P. ioessa*. Alle drei sind nicht allzuschwer zu kultivieren und tragen stark duftende, hängende, glockenförmige, bemehlte Blüten in Weiß bis Violett.

Die Sektionen *Nivalis (Crystallophlomis)* und *Petiolaris (Craibia)* sind schon schwieriger, und nicht von ungefähr finden sich hier vielleicht einige der schönsten Arten. *P. gracilipes* mit Rosetten blaßgrüner Blätter um kleine Sträußchen rosa-violetter Blüten mit gelbem Auge ist noch eine der einfacheren Spezies aus der *Petiolaris*-Sektion. Reizvoller ist *P. edgeworthii* mit bemehlten Blättern und mauvefarbenen Blüten mit zitronengelbem Auge, und noch schöner sind *P. whitei* und die exquisite *P. bhutanica*, die im Herbst Überwinterungsknospen bilden. Beide haben eisblaue Blüten mit weißem Auge und bemehlte Blätter. *P. chionantha* gehört zur *Nivalis*-Sektion, ihre dichten weißen, duftenden Blütenquirle stehen in Etagen über schmalen Blättern.

Eine andere Primel, bei der Schattengärtner vor Ehrfurcht erschauern, ist die äußerst schwierig zu kultivierende, wunderschöne *P. reidii* var. *williamsii* aus der *Soldanelloideae*-Sektion mit behaarten Blattrosetten und kompakten Köpfen aus nickenden, weitglockigen, zart duftenden Blüten in Lavendelblau und unwiderstehlichem Weiß. Die verwandte *P. wattii* hat schmale Blätter und violette Knospen, die sich zu konisch angeordneten, blaßvioletten, weiß bemehlten, duftenden Glöckchen öffnen.

OBEN Die Kissenprimel (*Primula vulgaris*) blüht zusammen mit rosafarbenem und weißem *Cyclamen coum*, weißer Nieswurz (*Helleborus orientalis*) und rosavioletter *Pulmonaria officinalis* schon sehr früh im Jahr. Wenig später folgen die Narzissen, und die intensiv gefärbten jungen Triebe der Pfingstrosen kündigen ihre im Frühsommer erscheinenden Blüten bereits an.

Seltene Pflanzen in Hochbeeten

Pflanzen wie den Primel-Raritäten, kleinwüchsigen Waldlilien und anderen kleinen oder außergewöhnlichen Waldgewächsen gebührt ein Platz, wo sie keinerlei Konkurrenz ausgesetzt sind und man sie stets im Blick hat. Dies läßt sich am einfachsten bewerkstelligen, indem man ein erhöhtes Beet anlegt und es mit der lockeren, viel Laubhumus enthaltenden Mischung, die bereits als ideale Schattengartenerde beschrieben wurde (Seite 26), auffüllt. So ein Hochbeet bietet mehrere Vorteile: Zum einen werden dadurch auf den ersten Blick eher unauffällige Pflanzen, deren Schönheit oder besonderer Duft sich einem erst aus nächster Nähe offenbaren, an Auge bzw. Nase des Betrachters herangeführt; zum anderen lassen sich neben der eigentlichen Beetfläche – je nach dem für die Ummauerung verwendeten Material – Zwischenräume für solche Pflanzen vorsehen, die einen vertikalen Untergrund lieben (eine Auswahl finden Sie auf Seite 93 unter »Pflanzen für die Außenwände des Hochbeets«).

Der Standort für das Hochbeet sollte abseits von überhängenden Ästen, aber dennoch in einem Bereich liegen, der mehr als den halben Tag beschattet ist. Je heißer und trockener das Klima, desto mehr Schatten ist vonnöten – insbesondere während der Mittagszeit. Bei anhaltender Trockenheit muß das Beet gewässert werden, da es durch seine erhöhte Lage schneller austrocknet als der umliegende Boden. Sorgen Sie dafür, daß die Fläche völlig frei von ausdauerndem Unkraut ist, bevor Sie mit dem Bau Ihres Hochbeets beginnen.

Das Material, das sich für diesen Zweck am besten eignet, ist Stein, idealerweise Sandstein in Form von schmalen Platten. Bevor man sich bewußt wurde, welche ökologischen Konsequenzen die Ausbeutung der Torfmoore hat, fertigte man solche Hochbeete häufig aus Torfballen, die dann von Pflanzen mit kriechenden Wurzeln wie niedrigen Heidelbeeren und Scheinbeeren zusammengehalten wurden. Diese Methode hatte gewiß ihre Vorteile, brachte aber auch ihre Probleme mit sich, etwa wenn sich eine Kriechpflanze als allzu dreist herausstellte und die ganze Konstruktion in Beschlag nahm. Schlimmer noch, die Torfblöcke wurden leicht von kriechendem Unkraut heimgesucht, das auch vor den Wurzeln der kostbaren, torfliebenden Pflänzchen nicht haltmachte.

Stein dagegen ist dauerhaft, birgt nicht die Gefahr, bei anhaltender Trockenheit auszutrocknen und zu schrumpfen, und umgibt die Wurzeln Ihrer Lieblinge mit angenehmer Kühle. Sie können natürlich auch kleinere Baumstämme verwenden, doch sollten Sie in diesem Fall die Kanten und Seitenwände des Hochbeets mit rankenden Pflanzen wie *Polygonum vaccinifolium, Campanula poscharskyana* oder *Asarina procumbens* optisch abrunden. Bei saurem Boden bietet sich die enzianblaue *Lithodora diffusa* (syn. *Lithospermum diffusum)* an, da sie den notwendigen kräftigen Wuchs mitbringt, um auch auf einer relativ hohen Ummauerung aus zwei bis drei übereinandergelegten Baumstämmen zur Geltung zu kommen.

Für die Nachbarschaft kleiner Kostbarkeiten, die sich gegen eine solche Übermacht nicht behaupten könnten, sollten über den Beetrand hinauswachsende, weniger dichte Pflanzen gewählt werden, wie zum Beispiel moosartige Steinbrechgewächse, *Geranium dalmaticum* und das zwergwüchsige Zimbelkraut *Cymbalaria muralis* ›Nana Alba‹ mit weißen Blüten und efeuartigem Laub.

Bau einer Steinummauerung

Bevor Sie mit dem Aufschichten beginnen, sollten Sie sichergestellt haben, daß Ihr Vorrat an geeigneten Steinen ausreicht – ideal für diesen Zweck sind schmale Sandsteinplatten. Sie brauchen außerdem große Mengen lockerer, vorher zusammengemischter Lauberde. Sortieren Sie die Steine grob nach ihrem Umfang, wobei die größeren für den Mauersockel verwendet werden sollten. Wer ein bereits existierendes Beet oder einen Wall mit Mauern abstützen möchte, muß Maßnahmen zur Bodenverbesserung ergreifen, da der Spielraum für die Aufschüttung neuer Erde in diesem Fall sehr gering ist.

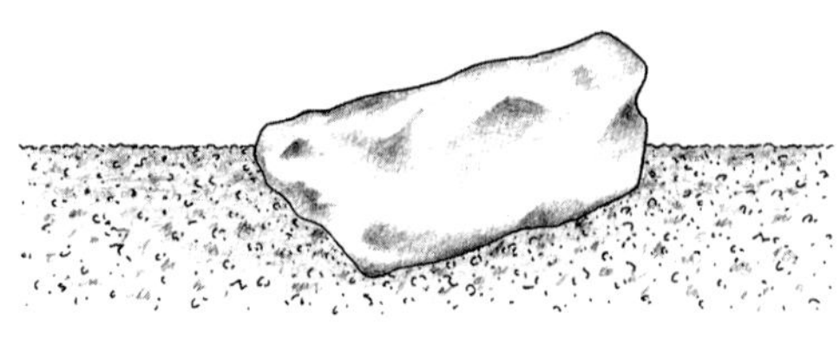

Lassen Sie die Steine der ersten Schicht bis zur Hälfte etwas schräg in den Boden ein, so daß die Ummauerung leicht nach innen geneigt ist und das Beet sich so nach oben verjüngt. Das verbessert die Stabilität und gewährleistet, daß das zwischen den Steinen herunterlaufende Regenwasser in der Beeterde versickert.

Streuen Sie bei jeder neuen Lage ein wenig von der Erdmischung wie Mörtel zwischen die Steine, und stabilisieren Sie die wachsende Mauer, indem Sie von hinten Erde aufhäufen und fest andrücken. Denken Sie daran, die Steine versetzt zu schichten, damit die Längsfugen nicht alle übereinander zu liegen kommen.

RECHTS *Geranium dalmaticum*, ein anpassungsfähiger, kleiner Storchschnabel mit rosavioletten Blüten über rundlichen, glänzenden Blättern, fühlt sich – solange er ein kühles Erdreich vorfindet – auf flachem Untergrund genauso wohl wie im Steingarten oder in der Vertikale, wo er, wie auf dem nebenstehenden Foto, in Mauerritzen angesiedelt werden kann. Besonders gut harmoniert er mit kleinen Farnen wie dem Schwarzstieligen Milzfarn (*Asplenium adiantum-nigrum*), der ebenfalls ein kühles Bodenmilieu schätzt.

PFLANZEN FÜR DIE AUSSENWÄNDE DES HOCHBEETES

Asplenium ruta-muraria (Mauerraute): Farn mit kleinen, rautenförmigen Wedeln.

Boykinia jamesii: kirschrote Blüten im frühen Sommer; gedeiht am besten in kalkfreien, durchlässigen Böden.

Ceterach officinarum (Schriftfarn): winzige Wedel, die an Rüschenbordüren erinnern.

Corydalis ochroleuca: gräulich-grüne, stark geteilte Blätter und rahmweiße, an Erdrauch erinnernde Blüten; von kleineren Pflanzen fernhalten.

Cymbalaria muralis ›Nana Alba‹: zwergwüchsiges, weißblühendes Zimbelkraut mit efeuartigem Laub.

Geranium dalmaticum: kleiner Storchschnabel mit glänzenden Blättern und rosa oder weißen Blüten im Sommer.

Haberlea- und *Ramonda*-Arten (ausführliche Beschreibung im Pflanzenführer am Ende des Buches): flache Rosetten runzliger Blätter

Sobald Sie die ersten Schichten fertiggestellt haben, beginnt der eigentlich kreative Teil, denn nun können Sie Pflanzen zwischen die Steine setzen, während Sie sich langsam hocharbeiten.

Pflanzenauswahl für ein Hochbeet

Ein Hochbeet schafft die Voraussetzungen, um seltene und sehr zierliche Gewächse verwöhnen und sie stets aus nächster Nähe betrachten zu können. Und es hat einen weiteren Vorteil: Die Bodenmischung kann speziell auf Pflanzen abgestimmt werden, die vielleicht nirgendwo sonst im Garten wachsen würden.

Neben Gewächsen, die ein saures Milieu lieben, wie die unten genannten, können Sie das seltene *Pteridophyllum racemosum* mit seinen weißen Blüten und farnartigen Blättern, die Kreuzblume *Polygala chamaebuxus* ›Grandiflora‹ mit schiffchenartigen Blüten in Gelb und Magentarot und Ourisien – kriechende Pflanzen mit weißen, scharlachroten oder rosa Blüten im Frühsommer – im Hochbeet beheimaten. In gewöhnlichem Boden gedeiht der formenreiche Enzian *Gentiana septemfida* zusammen mit weiteren einfach zu kultivierenden Raritäten wie *Aquilegia viridiflora* mit ihren duftenden Blüten in Grün und Purpurrot.

UNTEN Von links nach rechts: *Epigaea gaultherioides, Corydalis cashmeriana, Gentiana sino-ornata, Andromeda polifolia* ›Nikko‹, *Shortia soldanelloides.*

Pflanzen für ein Hochbeet mit saurer Erde

Andromeda polifolia ›Nikko‹: kleine Kuppeln aus blaugrauem Laub und großen, rosafarbenen, krugförmigen Blüten.
Corydalis cashmeriana: tief eingeschnittene, gräulich-grüne Blätter und dichte Ähren himmelblauer Blüten.
Epigaea gaultherioides (syn. *Orphanidesia gaultherioides*)*:* ledrige Blätter an tiefliegenden Trieben; schalenförmige Blüten in zartem Rosa.
Gentiana sinoornata: chinesischer Enzian mit großen, ultramarinblauen Blüten im Herbst.
Shortia soldanelloides: rundliche, gezähnte, im Winter wie mit Lüsterglasur überzogene Blätter; im Frühling weitglockige, gefranste Blüten in Rosa, zu den Rändern hin in Weiß übergehend.

LINKS Von links nach rechts: *Soldanella villosa, Iris crisata, Dicentra cuccularia, Dodecatheon pulchellum* ›Red Wings‹, *Jeffersonia dubia.* Vertikaler Mauerbewuchs: *Ramonda myconi.*

Kalkverträgliche Pflanzen für ein Hochbeet

Dicentra cuccularia: fein fiederartig geteilte Blätter; Blüten weiß mit zitronengelber Spitze im frühen Sommer.
Dodecatheon pulchellum ›Red Wings‹: purpurrote, zyklamenähnliche Blüten auf kahlen Stengeln über glatten, grundständigen Blättern.
Jeffersonia dubia (syn. *Plagiorhegma dubium*): einzeln stehende, becherförmige, lavendelblaue Blüten im Frühling, denen nierenförmige, im Austrieb zunächst bronzefarbene Blätter mit einem Rand aus unregelmäßigen Bogen und Zacken folgen.
Ramonda myconi (syn. *Ramonda pyrenaica*): Wächst noch besser vertikal zwischen Steinen als auf flachem Boden; Rosetten gekräuselter, dunkler Blätter und lavendelfarbene oder weiße Blüten.
Soldanella villosa: pelzige Blätter und violette, gefranste Blüten im Frühling.

Pflanzen mit betörendem Duft

Cestrum parqui verströmt seinen intensiven lieblichen Duft nur nachts – tagsüber duftet dieser Hammerstrauch nicht. Auf Beschädigung reagiert er mit dem für die Familie der Nachtschattengewächse typischen säuerlichen Geruch. Während er in milden Regionen einen strauchigen Habitus zeigt, nimmt er sich in kälteren Gegenden eher wie eine krautige Pflanze aus. Rückschnitt im Frühjahr bewirkt eine spätere, dafür aber um so üppigere Blüte.

Behaglichkeit im Garten ist nicht einfach nur eine Frage der Platzverhältnisse, sondern hat auch viel mit seiner Gestaltung und insbesondere mit seiner Atmosphäre zu tun. Der Mensch ist ein stark visuell geprägtes Wesen, und so denken wir bei einem Garten zunächst an Farben und Formen und erst dann vielleicht an den Duft der Pflanzen, der doch wesentlich zum Ambiente des Gartens beiträgt. Denn Duft spricht die Gefühle an und erweckt verloren geglaubte Erinnerungen zu neuem Leben.

So schätze ich beispielsweise die dezente *Daphne pontica* vor allem wegen ihres eindringlichen Duftes; *Sarcococca* betört mit ihrem honigsüßen, die winterliche Luft belebenden Parfüm; und jeder verzeiht dem Maiglöckchen sein kräftiges Wuchern, wenn es im späten Frühling seine zauberhaft duftenden, weißen Blütenglöckchen öffnet, die hübsche, kleine Sträuße für die Vase abgeben.

Schattige Gärten sind meistens auch windgeschützt und kommen Liebhabern schöner Düfte daher sehr entgegen, denn der Wind ist der Feind des Duftes – er bläst ihn einfach fort. An einem geschützten Ort dagegen wird der Duft gleichsam eingefangen und schwebt in der Luft.

Eine Möglichkeit, den Pflanzen in einem exponierten Garten in kürzester Zeit ein vor Wind und Sonne geschütztes Areal und gleichzeitig sich selbst einen angenehmen Aufenthaltsort zu schaffen, besteht im Bau eines Lattenhauses.

Solch ein Haus oder Verschlag besteht aus einem Gerüst, an dem Holzlatten in gleichmäßigen Abständen so angebracht werden, daß die Zwischenräume ebenfalls Lattenbreite haben. Auf dem Dach sollten die Latten von Norden nach Süden, an den Wänden senkrecht verlaufen. Diese Anordnung sorgt für ein Maximum an Bewegung im Licht- und Schattenspiel während des Tagesverlaufs.

Für diejenigen, die das Lattenhaus sowohl für ihre Pflanzen als auch als Aufenthaltsplatz nutzen möchten, lohnt sich der Bau eines oder zweier lattenbeschlagener Nebenhäuschen, die es ermöglichen, Kübelpflanzen hin und her zu bewegen – in das Lattenhaus, wenn sie gerade besonders schön, und zurück in die Nebenbauten, wenn sie weniger repräsentabel sind.

Sie können auch innerhalb des Lattenhauses erhöhte Beete anlegen oder direkt in den Boden pflanzen. Letzteres ist jedoch gefährlich, wenn in der Nähe des Häuschens Bäume wachsen, da es dann nicht lange dauern wird, bis deren Wurzeln in die Beete eindringen und Ihren kostbaren Pflanzen die Nährstoffe aus der Erde stehlen.

Ein solches Lattenhaus hilft nicht nur, den flüchtigen Duft mancher Pflanzen vor Wind zu bewahren, es kann darüber hinaus für die Kultur schwieriger, empfindlicher Pflanzen, besonders in windigen oder heißen Gegenden, von unschätzbarem Wert sein.

Pflanzen wie *Shortia,* bestimmte Primel-Arten, *Begonia grandis* var. *evansiana* und andere Gewächse, deren Blätter in der Sonne oder bei trockenem Wind schnell verbrennen würden, oder sogar erlesene Farne und zarte, frostempfindliche Rhododendren finden darin Schutz.

Düfte erfreuen uns auch außerhalb des Lattenhauses überall im Garten, denn viele der in diesem Buch bereits erwähnten Pflanzen duften: die gelbe Taglilie *(Hemerocallis dumortieri),* die Pyrenäenlilie *(Lilium py-*

Wozu ein Lattenhaus?

In unseren Breitengraden kann ein Lattenverschlag unschätzbare Dienste für den Schutz zarter oder schwierig zu kultivierender Pflanzen leisten; in heißen Klimazonen bewahrt er üppiges Grün vor den gleißenden Strahlen der Sonne. Hier wie dort schafft diese einfache Konstruktion einen Ort der Entspannung, der mit dem schwebenden Parfüm von duftenden Rhododendren, *Lilium auratum* und *Nicotiana alata* ›Grandiflora‹ zum Verweilen einlädt.

OBEN Eine Besonderheit von *Clematis montana* ist ihr Vanilleduft. Diese anspruchslose Kletterpflanze gedeiht an dunklen, schattigen Mauern ebensogut wie hier, wo sie sich am Stamm und an den Ästen eines Baumes emporwindet. Ihre reinweißen Blüten reflektieren alles einfallende Licht.

renaicum), der Pfeifenstrauch *(Philadelphus),* die mexikanische Orangenblume (*Choisya ternata*), die riesige *Primula florindae sowie* Nachtviole, Duftveilchen und die imposante Tabakpflanze *Nicotiana sylvestris*, um nur einige zu nennen.

Selbst mitten im Winter braucht man nicht auf duftende Blüten zu verzichten, denn dann erscheinen schon die ersten Schneeglöckchen. Von ihrem honigsüßen Wohlgeruch hat man am meisten, wenn man ein paar von ihnen drinnen in die Vase stellt. Im Winter sind duftende Sträuße besonders willkommen, und wer möchte, kann den Schneeglöckchenstrauß mit kleinen Zweigen der außerordentlich würzig duftenden Chinesischen Zaubernuß (*Hamamelis mollis*), der *Azara microphylla* mit ihrem Vanillearoma, der *Sarcococca,* der *Mahonia japonica* mit ihrem Maiglöckchenduft oder vielleicht sogar mit einer oder zwei frühblühenden Primeln erweitern.

Die Klassiker unter den duftenden Kletterpflanzen – Rosen, Glyzinen und Jasmin – brauchen einen sonnigen Standort. Die duftenden unter den Geißblatt-Arten, die sowohl in der Sonne als auch im Schatten gedeihen, verströmen ihren Wohlgeruch besonders in der Dämmerung (Seite 98).

Die *Clematis montana* ist ein besonderer Freund des Schattengärtners, denn sie gedeiht auch dort noch, wo sonst fast nichts mehr wächst, hat weiße, aus dem Dunkel hervorleuchtende Blüten und verbreitet zudem ein köstliches Vanillearoma. Rosafarbene Sorten verlieren im Schatten viel von ihrer Farbintensität; außerdem duften die dunkleren unter ihnen im allgemeinen nur schwach oder überhaupt nicht.

Im Frühling, wenn wir die kleinen Waldblumen bewundern, umhüllt uns *Magnolia salicifolia* mit dem Duft ihrer weißen Blütenkelche. Mit nahendem Sommer wird sie von der kalkverträglichen *M. wilsonii* oder der auf saurem Boden wachsenden *M. sieboldii* abgelöst. Wendet man besondere Geduld auf, gedeiht vielleicht auch *M.* × *wieseneri* (syn. *M.* × *watsonii*), ein breitwüchsiger Großstrauch mit satt cremefarbenen Blüten, dessen Duft ausreicht, um einen Garten mittlerer Größe zu füllen und auch noch den Nachbarn teilhaben zu lassen.

Um die Rhododendren mit lilienähnlichen, duftenden Blüten, wie etwa ›Fragrantissimum‹ oder ›Lady Alice Fitzwilliam‹ oder den allseits beliebten *Rhododendron veitchianum,* erfolgreich zu kultivieren, benötigen Sie einen äußerst geschützten Winkel bzw. Frostschutz im Winter.

Aber auch unter den wesentlich härteren Rhododendren gibt es viele, die duften. Allerdings können es nur wenige von ihnen mit dem betäubenden Lilienparfüm von ›Fragrantissimum‹ oder anderer, ähnlich stark duftender Sorten aufnehmen. Am nächsten kommt ihm wohl noch der weiße oder blaßgelbe *R. johnstoneanum.* So haben die großen, baumartigen Loderi-Hybriden und der kompaktere *R. decorum* mäßig stark duftende Blüten, wohingegen der Duft von manchen Azaleen, insbesondere der Pontischen Azalee, *R. luteum*, geradezu sagenhaft ist.

Andere Rhododendren wiederum haben besonders aromatisches Laub. *R. oreotrephes* mit seiner dezenten Farbgebung – leicht bläulichem Blattwerk und mauvefarbenen Blütenglocken – und der bei Kleingärtnern beliebte, niedrige Strauch *R. glaucophyllum* mit unterseits weißen Blättern und altrosafarbenen Blütenbüscheln riechen beispielsweise beide eindeutig nach gegerbtem Leder.

Pflanzen mit intensivem Abendduft

Für diejenigen – wohl die Mehrheit – unter uns, die erst nach Feierabend oder in den wenigen Mußestunden am Wochenende von ihrem Garten profitieren können, sind Pflanzen, deren Blüten vor allem abends und nachts duften und in der Dunkelheit vielleicht sogar blaß schimmern, von besonderem Wert. Sie strahlen friedvolle Ruhe aus und schaffen eine Atmosphäre, in der der Streß des Tages abfällt.

Selbst wenn es – wie im Frühling während der Blütezeit der *Daphne pontica* – noch nicht warm genug ist, um draußen zu sitzen, belebt ein kleiner Rundgang durch den Garten die müden Sinne und besänftigt angespannte Nerven. Wenn der Sommer endlich da ist, genießt man es, die Abendstunden im Garten verbringen zu können, sei es, daß man im Freien zu Abend ißt, liest oder einfach nur sitzt und sich ein paar Momente der Muße gönnt.

Manche Pflanzen sind mit ihrem Duft abends besonders freigebig. Für schattige Standorte zählen dazu Heckenkirschen, wie beispielsweise das Waldgeißblatt, *Lonicera periclymenum*, und seine Kulturformen ›Belgica‹ und ›Serotina‹. Diese beiden allein füllen schon mehrere Sommermonate mit ihren Blüten und ihrem Duft.

Noch vor ihnen, im späten Frühjahr, öffnet Jelängerjelieber, *Lonicera caprifolium*, seine cremefarbenen Blüten, während die immergrüne *L. japonica,* die im Frühsommer zu blühen beginnt, oft noch bis zum Herbst in Blüte steht.

Geißblattgewächse kann man problemlos an eigens dafür errichteten Spalieren, Rundbögen und Lauben oder an robusten Hecken und Bäumen hochwachsen lassen (ausgenommen allerdings besonders wertvolle Gehölze, da die rankenden Triebe die Wirtspflanze durch starkes Einschnüren schädigen können).

Würden Sie all diese Pflanzen zusammenbringen, so wäre die Wirkung – selbst unter Berücksichtigung der verschiedenen Blütezeiten – nicht eine Verzauberung der Sinne, sondern ein Zusammenbruch der Geruchsnerven.

LINKS: Das Waldgeißblatt *Lonicera periclymenum* ›Serotina‹ mit seinen duftenden rosa- und cremefarbenen Blütenbüscheln schlingt sich um die Zweige von *Actinidia kolomikta,* deren weiß und rosa panaschierte Blätter aus dem Dunkel hervorleuchten. Zusammen bilden sie ein schützendes Dach über einer Steinbank.

SEITE 99 Die majestätischen Konturen von *Nicotiana sylvestris* mit ihren weißen, trichterförmigen, Tag und Nacht duftenden Blüten, kommen in diesem geschützten Duftgarten vor dem Hintergrund einer im Schatten liegenden, gestutzten Buchenhecke besonders gut zur Geltung. Die wesentlich kleinere *N. langsdorfii* zu ihren Füßen ist ohne Duft, lohnt aber die Betrachtung aus nächster Nähe.

Cestrum und Taglilie lassen sich (eventuell gemeinsam mit Gewächsen aus den im Kapitel über »Dekorative Gestaltungselemente« vorgeschlagenen Pflanzgruppen, Seite 66–67) in eine von Gelb- und Grüntönen dominierte Rabatte eingliedern.

Abendlevkojen können an den verschiedensten Stellen im Garten gesät oder gepflanzt werden, so auch zwischen Sträuchern. Ideal stehen sie jedoch unter einem Fenster, das im Sommer häufig offensteht, so daß ihr exquisiter Duft hereinströmen und das ganze Zimmer ausfüllen kann.

Die Lilien der orientalischen Sektion, wie etwa die Goldbandlilie (*Lilium auratum*), lassen sich auch als Topfpflanzen ziehen und können so, während sie blühen, in den Innenhof oder die Wohnung gestellt werden. Manchen ist allerdings der Duft in geschlossenen Räumen zu aufdringlich.

Sowohl Nachtviolen als auch Nachtkerzen vermehren sich durch Selbstaussaat. Siedeln Sie sie deshalb in naturnahen Rabatten oder Strauchpflanzungen an. Mit ihren blassen, im Abendlicht schimmernden Blütenfarben locken sie den Betrachter in ihre Nähe und umfangen ihn sodann mit ihrem verführerischen Duft.

Der Ziertabak *Nicotiana alata* ›Grandiflora‹ und die Gartenreseda (*Reseda odorata*) sind eher unauffällige Einjährige, ihr Duft macht sie jedoch zu Favoriten für die Umgebung von Sitzplätzen, etwa im kühlen Schatten eines Patios oder versteckt in einer von Geißblatt überwucherten Laube.

Sowohl der Seidelbast *Daphne pontica* als auch die Wunderblume (*Mirabilis jalapa*) zeigen eine rundliche, niedrige Wuchsform; der Seidelbast ist über das ganze Jahr gesehen jedoch der optisch ansprechendere Strauch. Ich setze ihn gern neben eine häufig benutzte Tür, um während seiner kurzen Blüte den undefinierbaren, aber sehr ansprechenden Duft nicht zu versäumen. Die Wunderblume, die vor Frost geschützt werden muß, blüht den ganzen Sommer über und gedeiht in heiteren Klimazonen besonders prächtig an Standorten mit wenig oder gar keiner direkten Sonne.

Pflanzen mit intensivem Abendduft

Cestrum parqui: nur für lichten Schatten; große Büschel lindgrüner Blüten.

Daphne pontica: Kleinstrauch mit gelblichgrünen, weithin duftenden Blüten.

Hemerocallis citrina (Taglilie): zitronengelbe Blüten, die sich erst am Abend öffnen.

Hesperis matronalis: weiße oder blaßlila Blüten mit intensivem Gewürznelkenduft.

Lilium auratum: weit geöffnete, weiße, häufig stark purpurrot getupfte Blüten mit herrlichem Duft.

Lonicera periclymenum ›Graham Thomas‹: eine Fülle cremefarbener, duftender Blüten im Sommer.

Matthiola bicornis (Abendlevkoje): verströmt bei Einbruch der Dämmerung ihr Parfüm.

Mirabilis jalapa (Wunderblume): für warmen Schatten und frostfreie Überwinterung; die weißen, rosafarbenen, purpurroten oder gelben Blüten öffnen sich am frühen Abend.

Nicotiana alata ›Grandiflora‹: die weißen außen khakifarbenen, kräftig duftenden Blüten entfalten sich nachts.

Reseda odorata (Gartenreseda): fühlt sich auch im Halbschatten wohl.

Das Gartenjahr

Die Aufgaben des Gärtners wechseln mit den Jahreszeiten. Manchmal beschränkt sich seine Rolle auf aufmerksames Beobachten und kleine Korrekturen – ein Büschel Unkraut zupfen, verwelkte Blüten entfernen –, ein andermal muß er gezielt eingreifen, etwa wenn es darum geht, die empfindlichen Pflanzen vor Frost zu schützen oder einen jungen Baum durch den »Erziehungsschnitt« in Form zu bringen. Welche Jahreszeit auch immer – der Schattengarten mit seinen wechselnden Lichteffekten verliert bei keiner dieser Arbeiten an Reiz.

Herbstliche Belaubung ist vor einem dunklen Hintergrund aus Koniferen wie dieser Atlaszeder (*Cedrus atlantica* ›Glauca Pendula‹) oder anderen immergrünen Bäumen besonders wirkungsvoll. Gegen die Sonne betrachtet leuchtet das herbstlich gefärbte Laub des Ahorn (*Acer japonicum*) und des Federbuschstrauchs *(Fothergilla)* in den Tagen vor dem Laubfall wie Feuer.

Winter

Gärten, deren Wirkung vor allem auf Farben beruht, sehen im Winter oftmals trostlos aus. Ein Garten hingegen, dessen Konzeption ein solides Gerüst aus Bäumen und immergrünem Blattwerk als Grundlage hat, ist mitten im Winter genauso wirkungsvoll wie zu jeder anderen Jahreszeit.
In Gegenden, in denen der Winter so streng ist, daß Immergrüne im Herbst in Sackleinen gehüllt werden müssen, bevor sie unter einer dicken Schneedecke verschwinden, bleiben lediglich die Silhouetten der Bäume als Blickfang im Garten. Und in der Tat können sie, ob mächtig oder grazil, sehr wirkungsvoll sein. Ein Birkenhain mit seinem zarten Gewirr aus rötlichen Zweigen über weißen Stämmen hat vor schneebeladenem Himmel etwas still Dramatisches. Unter einer Schneedecke geschützt, ruhen zu seinen Füßen die frühlingsblühenden Waldpflänzchen und warten auf Tauwetter.
In Gebieten mit weniger harschen Wintern kann beispielsweise eine einzeln stehende, sorgfältig geschnittene Magnolie mit ihren klaren, schlichten Formen in kahlem Zustand genauso schön sein wie später im Jahr in voller Blüte.
In noch milderen, wenn auch nicht notwendigerweise frostfreien Klimaten treiben frühblühende Kamelien wie *Camellia × williamsii* ›November Pink‹ an sonnenabgewandten Mauern jetzt ihre Blüten, und die dunkelroten Knospen der *Skimmia japonica* ›Rubella‹ lassen den Duft der sich im Frühling öffnenden Blüten erahnen.
Jetzt ist auch der Zeitpunkt gekommen, wo *Helleborus atrorubens* seine nickenden, auberginefarbenen Blüten öffnet und Schneeglöckchen (*Galanthus nivalis* ›Atkinsii‹ ist eins der frühesten), Winterling (*Eranthis hyemalis*) und *Cyclamen coum* zusammen mit den marmorierten, pfeilförmigen Blättern des *Arum italicum* ›Marmoratum‹ schmückende Blütenteppiche unter Bäumen und Sträuchern ausbreiten. Weibliche Skimmien und Aukuben tragen ihren leuchtendscharlachroten Beerenschmuck, und *Jasminum nudiflorum* treibt seine gelben Blüten.
Die Zaubernuß (*Hamamelis*) zieren im Winter würzig duftende Blüten. Die blassen, spinnenartigen Petalen von *H. × intermedia* ›Pallida‹ und ›Moonlight‹ heben sich schön gegen das nahezu schwarze, grasähnliche Laub des *Ophiopogon planiscapsus* ›Nigrescens‹ ab, die kupferroten Sorten finden ihre perfekte Ergänzung in dem kühlen Purpur von *Tellima grandiflora* oder von Bergenien.

Schnee liegt auf den Blättern des Alpenveilchens, das hier mit Judassilberling (*Lunaria annua*) mit seinen papierenen Schotenwänden und Schneeglöckchen gruppiert ist.

Immergrüne Bodendecker wie *Liriope muscari, Gaultheria procumbens, Epimedium perralderianum* und Ysander *(Pachysandra terminalis)* verleihen dem Garten im Winter Substanz und Geschlossenheit. Darüber hinaus tragen sie zur Wärmeisolierung des Bodens bei und verhindern, daß Laubmulch verweht oder von den Vögeln auf die Wege getragen wird.

Gartenarbeiten im Winter

Kleinere Arbeiten

- Verwelkte Blätter der Nieswurz entfernen, um die Blüte noch bis in den Frühling hinein zu verlängern.
- Erfrorene Farnwedel abschneiden; besonders dort wichtig, wo zwischen den Farnbüscheln Zwiebel- oder Knollengewächse stehen, die im Winter oder zeitigen Frühjahr blühen.
- Laub- und Zweigstreu von Moosen und Farnen absammeln und besonders darauf achten, daß kleine Pflanzen nicht davon erstickt werden. Laub entweder direkt zum Mulch unter Sträucher und um größere Pflanzen (vgl. Herbst) dazugeben oder aufgeschichtet zu Laubhumus verrotten lassen.

Routinemäßige Pflegearbeiten

- Neu gepflanzte Bäume, Sträucher und Stauden nach Frosteinbrüchen auf hochgedrücktes Wurzelwerk überprüfen und mit den Fäusten oder dem Stiefelabsatz gegebenenfalls wieder fest andrücken.
- Auch alle kleinen Pflanzen kontrollieren, von denen viele Flachwurzler sind und durch Frost leicht aus der lockeren Schattengartenerde gehoben werden; nach jedem Frostschub wieder fest in die Erde drücken.
- Die Mulchschicht um den Wurzelhals von Bäumen und Sträuchern nicht zu dick werden lassen, da sonst leicht die Gefahr von Wurzelhalsfäule besteht.
- Clematissorten wie die *Clematis-viticella*-Hybriden, die ab Hochsommer an neuen Trieben blühen, bis auf zwei kräftige Knospen in Bodennähe zurückschneiden (in Gegenden mit strengen Wintern bis Winterende/Frühlingsanfang damit warten).
- Beim Pfeifenstrauch sämtliche abgeblühten Triebe vom Vorjahr entfernen, falls dies nicht schon unmittelbar nach der Sommerblüte geschehen ist.

Größere Winterarbeiten

- Winterharte laubabwerfende Sträucher und Bäume pflanzen.
- An Bäumen zu tief am Stamm sitzende Äste entfernen (falls nicht bereits im Hochsommer geschehen).
- Dickichtbildende Sträucher auslichten durch Herausschneiden alter, morscher Zweige direkt am Ansatz.

Winterschutz

- Frostschutzvorkehrungen sollten bei empfindlichen Pflanzen bereits im Herbst getroffen worden sein, aber unter Umständen ist zusätzlich kurzfristiges Eingreifen im Winter erforderlich: Pflanzen, die durch strengen Frost oder eisige Winde geschädigt würden, über Nacht mit Vlies aus synthetischem Fasergewebe abdecken, das vom Gartenhandel eigens zu diesem Zweck angeboten wird. Bei kleinen Pflanzen sind selbst mehrere Lagen Zeitungspapier zweckdienlich.
- Bäume und Sträucher vom Druck der Schneedecke befreien, wenn eine Beschädigung des Astwerks droht. Bei Gehölzen, wo diese Gefahr nicht besteht, sowie bei niederwüchsigen Pflanzen die stark isolierend wirkende Schneedecke nicht entfernen.

Frühling

An geschützten Stellen treiben Primeln, Veilchen und erste Lungenkrautgewächse zum Frühlingsanfang ihre Blüten, und auch die Waldanemonen bahnen sich langsam ihren Weg durch den Moosboden unter den noch kahlen Bäumen. Zwischen den Sträuchern blühen Nieswurz und Bergenien: Pflaumenfarbene Formen der Nieswurz schaffen einen warmen Kontrast zur blassen Scheinhasel, die Zusammenstellung von weißen und grünen Formen mit *Ribes laurifolium* und *Skimmia* ›Kew Garden‹ dagegen ergibt eine Kombination kühler Farbtöne. Für eine leicht exotische Note sorgen Kamelien und die ersten unter den frühblühenden Rhododendren sowie die rosig gefärbten Knospen der *Skimmia japonica*, die beim Aufplatzen ihren Maiglöckchenduft verströmen. Viele der auf dem Waldboden angesiedelten Blumen blühen im Frühling, bevor das Blätterdach ihnen einen Großteil des Sonnenlichts nimmt: Elfenblumen und Maiglöckchen, Zahnwurz und Dreiblatt, Hundszahn, Salomonssiegel und das Blauglöckchen, *Mertensia virginica*. Wenn sich im späten Frühling die Blütezeit der Kamelien ihrem Ende zuneigt, stehen die Rhododendren in voller Blüte, und das leuchtende, junge Laub der *Pieris* umrahmt Trauben weißer Blütenglocken. Blattschmuck-Rhododendren mit ihrem wunderschönen Austrieb können sich mit der Blütenpracht durchaus messen. *Rhododendron macabeanum* beispielsweise hat scharlachrote Knospenschuppen, aus denen silbrige Blätter hervorbrechen.
Die jungen, verheißungsvollen Triebe mancher Stauden – das purpurne und mattrosige junge Blatt der Pfingstrosen, die leuchtenden Schwertblätter der Taglilien und die eingerollten Spitzen der Funkien – machen gespannt darauf, was an Blättern und Blüten noch kommen mag. Manche Rabattenpflanzen blühen im Spätfrühling: Tränendes Herz (*Dicentra spectabilis*), *Geranium macrorrhizeum* mit seinen aromatisch duftenden Blättern und *Brunnera macrophylla* oder die niedrige *Omphalodes cappadocica*, beide mit blauen, an Vergißmeinnicht erinnernden Blüten, fugen sich zusammen mit dem rosafarbenen Bergkerbel, *Chaerophyllum hirsutum* ›Roseum‹, und *Geranium maculatum* zu einer harmonischen Gemeinschaft in sanftem Blau und Rosa. Die fröhlichen, gelben, margeritenähnlichen Blüten der Gemswurz und das Grüngelb der Wolfsmilchgewächse und des ihnen ähnelnden *Smyrnium perfoliatum* variieren das frische Grün junger Eichenblätter.

Primeln und Schachbrettblumen (*Fritillaria meleagris*) gedeihen unter Bäumen auf feuchten Böden zwischen Laubstreu oder grünen Gras.

Der eindringliche Duft der *Daphne pontica* erfüllt die kalte Abendluft, darüber trägt *Clematis montana* ihre weiße oder rosenrote Blütenpracht zur Schau, und die erste unter den Heckenkirschen, *Lonicera caprifolium*, kündigt mit ihrem süßen, schwebenden Duft bereits den Sommer an.

Gartenarbeiten im Frühling

Das Pflanzen

- Winterharte laubabwerfende Bäume und Sträucher, Stauden und bereits ausgetriebene Zwiebel- und Knollengewächse wie zum Beispiel Schneeglöckchen jetzt pflanzen.
- Vorsicht bei trockenem, kaltem Wind, der dem jungen Laub von Schattenpflanzen mehr schaden kann als zeitweilige Trockenperioden; gegebenenfalls schützende Wände aufstellen, bis der natürliche Dauerschutz herangewachsen ist.
- Bei warmer, sonniger Witterung reduziert das Abspritzen der Blätter neu gesetzter oder empfindlicher Pflanzen die Verdunstung an der Blattoberfläche. Am gefährdetsten sind ganz neuer Austrieb und besonders zarte, hitzeempfindliche Blätter.
- Immergrüne Bäume und Sträucher sowie alle in der jeweiligen Region nicht völlig winterharten Gewächse erst später im Frühling pflanzen.

Vermehrung

- Die Vermehrung von Funkien erfolgt durch das Herausschneiden von Keilen aus gutentwickelten Wurzelballen, so als schnitte man Stücke aus einer Torte.
- Aussaat halbharter Einjähriger in Töpfe oder Schalen.

Pflegearbeiten

- Verwelkte Blütenköpfe an Stauden entfernen, soweit dies noch nicht im Herbst geschehen ist.
- Die Erde um Pflanzen herum, die in nährstoffarmem Boden, wie z. B. unter Bäumen mit gefräßigen Wurzeln, wachsen, mit Mehrstoffdünger anreichern. (Bei Verwendung von Trockengranulat Düngerstaub von den Blättern waschen; Flüssigdünger vermindert die Gefahr von Verbrennungen, ist aber teurer.)
- Mulchgut auftragen, um Pflanzenwurzeln an heißen Sommertagen kühl zu halten.
- Efeu, der als Bodendecker oder flacher, gepflegter Mauerbewuchs dienen soll, zurückschneiden.
- Für die Erhaltung eines reinen Fingerhutbestandes in Weiß, Apricot oder Blaßgelb Sämlinge mit lilafarbenen Flecken an den Blattstielen entfernen.
- Sträucher und Bäume von ihren wintergeschädigten Trieben und totem sowie krankem Holz befreien.
- *Hydrangea paniculata* in der ersten Frühlingshälfte stutzen; verwelkte Blüten bei allen Hortensien mit ballförmigen Blütenständen entfernen; bei *H. macrophylla* die ältesten Äste herausschneiden.
- Winterblühende Mahonien mit langen, kahlen Leittrieben schlagen neu aus, wenn sie stark zurückgeschnitten werden.
- Alte Wedel an Hirschzungen- und Schildfarnen entfernen.
- Vorsicht vor überraschendem Spätfrost; empfindliche Pflanzen nachts gegebenenfalls abdecken.
- Das rechtzeitige Ausbrechen von abgeblühten Blütenständen bei frühblühenden Rhododendren verhindert den Samenansatz und fördert die Blühkraft.
- Kamelien, die ihre verwelkten Blüten nicht gänzlich abwerfen, ebenfalls ausputzen.
- Im Spätfrühling vergilbendes Laub der Zeitlosen entfernen.

Sommer

Bäume und Sträucher stehen nun im vollen Laub, und ein Großteil der zarten, kleinen Waldblumen ist eingezogen, ihre kurze Vegetationsperiode zu Ende. Doch der schattige Garten hat immer noch viel zu bieten, sowohl an Blütenpracht als auch an schönem Laub. Die kräftigen Blätter von Funkie und Germer bilden einen reizvollen Kontrast zu dem fein gefiederten Laub der Prachtspieren, Silberkerzen und Farne.

In schattigen Rabatten und zwischen Sträuchern beginnt nun die Blütezeit der Taglilie und des winterharten Storchschnabels. Die spätblühenden unter den sommergrünen Azaleen stehen ebenfalls in voller Blüte, und die ausladenden, flachdoldigen Schneeballgehölze schmücken sich mit weißem Blütenschaum.

Mit fortschreitendem Sommer füllt sich die warme Luft mit dem Duft des Ziertabaks, des Geißblatts und der Flammenblume, und im Dunkel der langen Sommernächte schimmern die Konturen blaßgetönter Blüten. Dies ist die Jahreszeit, in der der Gärtner für Schatten fast noch dankbarer ist als seine Pflanzen. Genießen Sie Ihren Garten, indem Sie etwa unter einer lichten Baumkrone ausspannen oder sich mit einem Buch in Ihr selbstgebautes (Anleitung siehe im vorangegangenen Kapitel über Liebhaber-Pflanzen, Seite 96), begrüntes Lattenhaus zurückziehen.

Im frühen Sommer entfaltet die kletternde Hortensie *Hydrangea petiolaris* ihre weißen »Spitzenhäubchen«-Blüten, im Hochsommer folgt ihr die verwandte, fast schon überladene *Schizophragma integrifolium*, und im Spätsommer schließlich blühen die großstrauchige *Hydrangea aspera* var. *villosa* und die samtblättrige *H. sargentiana*.

Gartenarbeit im Sommer

Kleinere Arbeiten

- Schattenbeete jäten und Unkraut kompostieren. Das Jäten per Hand geht in ideal zusammengesetzter Schattenerde, die besonders lokker sein sollte, schnell und einfach vonstatten. Außerdem können dabei willkommene, durch Selbstaussaat entstandene Sämlinge wie die von *Mertensia virginica, Dicentra spectabilis, Cyclamen hederifolium, Stylophorum diphyllum* und anderen stehengelassen oder aber herausgesucht und eingetopft oder an eine andere Stelle im Garten verpflanzt werden.

Hemerocallis ›Pink Damask‹ vor den blaugrünen Blättern von *Macleaya microcarpa* in einer schattigen Sommerrabatte.

- Erwünschte Moosflächen vorsichtig von Hand jäten; dabei alle Unkrautsämlinge einschließlich Grashalmen entfernen.
- Bei samenansetzenden Pflanzen die Blütenstände entfernen, es sei denn, der Samen soll gesammelt oder die Selbstaussaat unterstützt werden (Samenansatz nimmt der Pflanze einen Teil der Kraft für schönen, neuen Austrieb bzw. die Blüte im nächsten Jahr).
- Pflanzen wie *Alchemilla mollis, Tellima grandiflora, Hemerocallis lilioasphodelus (*syn. *H. flava)* und Lungenkraut bis auf die Basis zurückschneiden und kräftig gießen – bald sprießen neue Blätter, die bis zum Ende der Vegetationsperiode ansehnlich bleiben.
- Zur Naturalisation von Schachbrettblumen auf lichten Grasflächen Samenreife abwarten und Rasen erst im Spätsommer mähen.
- Falls Adlerfarn vorhanden ist, seine grünen Wedel gegen Mitte oder Ende des Sommers, sobald sie sich voll entfaltet haben, abschneiden und zerkleinern. Mulch um kleine Gewächse im Schattengarten und jede andere kümmernde Pflanze verteilen: Grüner Adlerfarn enthält viele Nährstoffe und stellt ein hervorragendes Tonikum für Pflanzen dar.
- Abgeblühte Triebe von *Symphytum* × *uplandicum* ›Variegatum‹ herausschneiden, um den Austrieb seiner kräftig panaschierten Blätter zu fördern.
- Sobald die Blüten der *Viola cornuta* verwelken, Pflanze zurückschneiden, gut gießen und düngen, um neue Blätter und eine zweite Blüte zu bewirken.
- Abgeblühte Pflanzenteile der *Zenobia pulverulenta* bis auf die kräftigen, neuen Triebe zurückschneiden.
- Verwelkte Blütenköpfe bei Alpenrosen und Azaleen weiterhin regelmäßig kappen.
- Kamelien zu Beginn der zweiten Sommerhälfte düngen, um den Knospenansatz für die Blüte im darauffolgenden Jahr zu fördern.
- Während des ganzen Sommers Staudenphlox immer wieder von verwelkten Blüten befreien und bis zum ersten Blattpaar unterhalb der Blütendolde zurückschneiden.

Größere Arbeiten

- Verdichtete Bäume auslichten oder untere Äste entfernen (siehe Seite 20).

Wässerung

- Ist künstliches Wässern vonnöten, lieber dann und wann reichlich gießen, als in kurzen Abständen nur ein wenig zu sprenkeln.

Tips fürs Pflanzen und für die Vermehrung

- Von *Cyclamen hederifolium* nur im Topf gezogene Knollen pflanzen; sie wachsen sehr viel schneller an als nackte, trockene Knollen.
- Im Anschluß an die Blütezeit des Fingerhuts den Ziertabak, *Nicotiana sylvestris*, ins Freie pflanzen.
- Im Spätsommer Sporen von den Farnen absammeln. Hinweise zur Aussaat im Kapitel »Die Grundstruktur des schattigen Gartens« (Seite 56).
- Ausgereifte Samen der Nieswurz sofort aussäen; die Anzucht gelingt selten, aber auch die Sämlinge sind dekorativ.
- Beeren von *Daphne pontica* und *D. mezerum* sammeln, Fruchtfleisch abreiben und Samen unverzüglich aussäen. Mancherorts picken die Vögel die Beeren, bevor sie noch richtig reif sind. Um den Vögeln zuvorzukommen, die Beeren pflücken, sobald sie sich einfärben.
- Ausgereifte Samen von Pfingstrosen unmittelbar aussäen. Die Samen fruchtbarer Arten wie *Paeonia mlokosewitchii* und anderer sind schwarz oder dunkelblau. Mit der Aussaat roter, steriler Samen kann man im Spätsommer oder Frühherbst beginnen.

Herbst

Der schattige Garten erlebt seinen zweiten Frühling, wenn Schwalbenwurzenzian, Krötenlilien, Silberkerzen und *Kirengeshoma palmata* zusammen mit der blassen, duftenden *Hosta* ›Royal Standard‹ blühen und *Arum italicum* ›Marmoratum‹ seine marmorierten Blätter treibt, während der scharlachrote Fruchtschmuck nach und nach abfällt. *Liriope muscari* mit ihren leuchtendmauvefarbenen Blütenähren bildet einen hübschen Kontrast zu rosa oder weißen Zeitlosen. *Cyclamen hederifolium* breitet einen Teppich aus rosa oder weißen Blüten und wetteifert mit dem kleinen, kriechenden Farn *Blechnum penna-marina*. Umgeben von fliederblauem *Crocus speciosus* blinken die weißen Sterne der *Saxifraga fortunei*.
Pileostegia viburnoides zeigt als letztes kletterndes Steinbrechgewächs ihre cremefarbenen Blütenköpfe und liefert einen schönen Hintergrund für rosafarbene Japan-Anemonen, spätblühende Funkien wie die violette *Hosta lancifolia* und das kräftig panaschierte Laub von *Symphytum* × *uplandicum* ›Variegatum‹. Diesen eher sommerlichen Farbtönen stehen typisch herbstliche Elemente gegenüber, wie die leuchtenden *Actaea*-Beeren und die orangefarbenen Samen der *Iris foetidissima*. Das Laub der Funkien färbt sich goldgelb, die rundlichen Blätter der *Galax urceolata* tragen lüsterfarbenen Glanz, und auch *Mahonia aquifolium* überzieht ihr Blattwerk mit einem leuchtenden Winterkleid. Die erste unter den winterblühenden Mahonien, *M.* × *media* ›Lionel Fortescue‹, zeigt ihre aufrechten, dichten, gelben Blütentrauben. Schattenspendende Bäume wie Vogelbeeren und *Crataegus* × *prunifolia* tragen ihre Früchte, und auch Sträucher wie der Gemeine Schneeball, *Viburnum opulus*, schmücken sich mit roten oder weißlichen Beeren. Die rosa und blauen ballförmigen Blütenstände der Hortensien nehmen metallische Töne wie von Grünspan, Kupfer und tiefrotem Lüster an.

Gartenarbeiten im Herbst

Pflanzhinweise

• Außer in Gegenden mit sehr strengen Wintern oder Gärten mit schwerem Boden, wo sich im Winter leicht die Nässe staut, winterharte sommergrüne Sträucher und Bäume jetzt pflanzen. Das Pflanzloch muß so groß sein, daß die ausgestreckten Wurzeln bequem darin Platz finden.

Die absterbenden Blätter des *Acer japonicum* ›Aconitifolium‹ lodern im Herbst noch einmal scharlachrot auf.

Dies sorgt für einen festen Stand des Gehölzes bei Wind und Frost.

• In Regionen mit milden Wintern können winterharte Immergrüne im frühen Herbst gepflanzt werden. (Faustregel: Nur solche immergrünen Gewächse im Herbst pflanzen, die in Gegenden mit vergleichbaren oder strengeren Wintern beheimatet sind.)

• Winterharte frühlingsblühende Stauden, im Frühjahr blühende Zwiebelgewächse, winterharte Zweijährige wie Fingerhut und Nachtviolen und Maiglöckchen-Treibkeime pflanzen.

• Für die Herbstpflanzung per Versand bezogene Gewächse auspacken und Wurzelballen kräftig wässern, um dem Feuchtigkeitsverlust während des Transports entgegenzuwirken.

• Können per Versand bestellte Gewächse wegen Frostes nicht sofort gepflanzt werden, wickelt man sie in nasses Sackleinen und stellt sie an einen kühlen, aber frostfreien Ort.

• An Stellen mit einer dicken, stark isolierenden Laubmulchschicht bleibt der darunterliegende Boden unter Umständen weich genug, um selbst bei Frostwetter bearbeitet werden zu können. Hier finden manche Pflanzen an geschützten Stellen zwischen Sträuchern einen Übergangsplatz. Bei nasser Erde nach einem kräftigen Regenguß zunächst die Mulchschicht beiseite schieben. Wer mit dem Pflanzen nicht länger warten kann, sollte zwischen die Wurzeln hochwertige, trockene Schattenerde (Seite 26) füllen, die abgedeckt gehalten wurde. Keinen trockenen Torf verwenden, da dieser die Wurzeln selbst bei Nässe leicht austrocknet.

Teilung von Pflanzen

• Um Maiglöckchen mit gutentwickelten Wurzelballen zu vermehren, quadratische Klumpen aus Erde und Wurzeln abstechen und an anderer Stelle einsetzen; möglichst nicht mehr stören.

• Winterharte frühlingsblühende Stauden und Farne im frühen Herbst teilen.

Routinemäßige Pflegearbeiten

• Laubstreu von kleinen Pflanzen entfernen, die darunter zu ersticken drohen.

• Blätter von grasbewachsenen Wegen und Rasenflächen harken und zum Aufbau einer Humusschicht zur natürlichen Laubstreu zwischen Sträucher geben. Mulch aus nassen, mit den Händen zusammengepreßten Blättern bis zu 13 cm hoch aufschichten. Niedrige Pflanzen frei halten. Wegen Gefahr von Wurzelhalsfäule von Stämmen verholzender Pflanzen fernhalten.

• Soweit verfügbar, Adlerfarn-Rhizome mit Spatenrücken platt schlagen und unter den Laubmulch mengen.

• Zum Mulchen und Düngen organische Substanzen verwenden (siehe Seite 26).

Wintervorkehrungen

• Pflanzen, die Schaden leiden, wenn der Boden um ihre Wurzeln gefriert, benötigen den Winter über eine dicke Mulchschicht.

• In Regionen mit sehr kalten Wintern immergrüne Sträucher in Sackleinen einhüllen.

• Bei nicht völlig winterharten Pflanzen in Regionen mit weniger strengen Wintern andere Formen von Winterschutz wählen, z. B. aufgespannte Sackleinwände (gegen Wind und gegen Frost); grobe Rindenabfälle, Blätter oder Adlerfarn um die Basis solcher Pflanzen angehäuft, die sich aus einem Stumpf heraus regenerieren können; übergestülpte Plastiküberzüge gegen zuviel Nässe (Pflanzen jedoch nur bei extremer Kälte in den Plastiküberzug einschließen und Luftzirkulation gewährleisten – Schutzfunktion wird durch Innenfutter aus Stroh oder trockenem Adlerfarn erhöht).

• Kübelpflanzen benötigen meist ein frostfreies Winterquartier und sollten vor den ersten Nachtfrösten in einen kühlen, belüftbaren Raum gestellt werden.

Die wichtigsten Pflanzen für den schattigen Garten

In diesem Kapitel finden Sie eine persönliche Auswahl der Pflanzen, auf die ich als leidenschaftliche »Schattengärtnerin« nicht verzichten möchte. Es versteht sich von selbst, daß kein Garten, es sei denn, er ist wirklich riesig, für sie alle Platz bieten kann. Die Pflanzenbeschreibung an dieser Stelle soll Ihnen vielmehr dabei helfen, eine Auswahl zu treffen, die auf die individuellen Gegebenheiten Ihres Gartens, wie Größe, Bodenbeschaffenheit und Klima, und auf Ihren persönlichen Geschmack abgestimmt ist.

Der Schneeball *Viburnum plicatum* ›Mariesii‹ mit seiner Fülle weißer Blüten über dem frischen Grün seiner Blätter im Frühsommer wirkt gerade so, als hätte man ein weißes, auf grünen Samt gestepptes Spitzentuch über seine nahezu waagrecht ausgebreiteten Zweige geworfen. Im Herbst weichen die Blüten roten Früchten inmitten purpurnen und weinroten Laubes. *V. plicatum* ›Rowallane‹ ist ähnlich, blüht aber etwas später und bleibt auch als mehrjähriger Strauch relativ kompakt.

Die Wahl der Pflanzen ist nur der erste Schritt. Um eine Ansammlung von Gewächsen in einen Garten – mit allem, was dieser Begriff an ästhetischem Genuß, an Ruhe und Entspannung impliziert – zu verwandeln, müssen die Merkmale des Grundstücks und die Bedürfnisse des Besitzers im Gestaltungsplan volle Berücksichtigung finden. Darüber hinaus sollten die Pflanzengruppen so komponiert sein, daß sie die besten Eigenschaften eines jeden Gewächses zur Geltung bringen. Aus diesem Grunde schließt jeder Eintrag mit einer Auswahl geeigneter Pflanzpartner.

In manchen Fällen sind diese Anregungen sehr spezifisch. Nehmen Sie etwa den ersten Eintrag, *Actaea* (Christophskraut). Als mögliche Partner werden *Gentiana asclepiadea* und *Tricyrtis hirta* – d. h. nicht nur die Gattung, sondern auch die Spezies – genannt. Doch selbst solch eine scheinbar sehr präzise Angabe läßt Ihnen Spielraum für eigene Ideen. So werden diejenigen mit einer Vorliebe für elegante Motive in Weiß und Grün *Actaea alba, Gentiana asclepiadea* ›Alba‹ und *Tricyrtis hirta* ›Alba‹ wählen. Nimmt man als Christophskraut hingegen *A. spicata*, erhält man plötzlich eine Schwarz-Weiß-Kombination, während durch die Zusammenstellung von *A. erythrocarpa* mit gewöhnlicher *Tricyrtis hirta* und *Gentiana asclepiadea* ›Phyllis‹ ein gedämpftes Farbmotiv aus Rotbraun, Dunkelviolett und Blaßblau entsteht. Wenn Sie weiter hinten in den Einträgen zu diesen Pflanzpartnern nachlesen, werden Sie sehen, daß sich die Kombinationsmöglichkeiten mit diesen dreien, einmal ganz abgesehen von denen, die Ihnen selbst einfallen, noch lange nicht erschöpfen.

Zu guter Letzt noch eine Bemerkung zu dem relativen Begriff der Winterhärte: Eine Pflanze, die in meinem Garten winterhart ist, ist es in Ihrem vielleicht noch lange nicht und umgekehrt. Winterfestigkeit hat teilweise mit der Temperatur zu tun, aber auch mit Standort und Alter der Pflanzen. In den Einträgen in diesem Kapitel werden die Pflanzen wie folgt klassifiziert:

»Hart«:	Vertragen Temperaturen bis etwa –15 °C.
»Bedingt hart«:	Vertragen Temperaturen bis etwa –5 °C.
»Nicht hart«:	Vertragen Temperaturen bis etwa 0 °C.
»Unterschiedlich«:	Ein Eintrag umfaßt eine Reihe von Pflanzenarten mit unterschiedlicher Frostresistenz, auf die alle drei Härtestufen zutreffen.

Zwiebel- und Knollengewächse

Alpenveilchen siehe *Cyclamen*

Cyclamen
(Alpenveilchen)

Das herbstblühende *C. hederifolium* und das im Frühling blühende *C. coum* mit ihren vielen verschiedenen Formen sind robuste Waldpflanzen, die sich auf stark laubhaltigem Untergrund – oftmals relativ schnell – durch Selbstaussaat vermehren. Das Laub des *C. hederifolium* ist sehr unterschiedlich in der Zeichnung: Man findet sowohl nahezu einfarbig grüne als auch stark silbrig gezeichnete Blätter. *C. coum* hat rundere Blätter, deren Musterung ebenfalls stark variiert, und gestauchte Blüten, fast immer mit rosafarbenem Grund. Für geschützte Plätze eignen sich *C. repandum* mit eleganten, dunkelrosafarbenen Blüten im späten Frühjahr sowie *C. purpurascens,* syn. *C. europaeum,* dessen duftende Blüten im Spätsommer über marmoriertem Laub stehen.
H: 10 cm; B: 10–30 cm. **Standort**: verträgt Vollschatten. **Winterhärte:** bedingt bis hart. **Boden:** Laubhumus. **Pflanzpartner:** *Blechnum penna-marina, Ophiopogon planiscapsus* var. *nigrescens.*

Erythronium
(Hundszahn, Forellenlilie)

Elegante, frühlingsblühende Waldblumen. Der in Europa heimische Hundszahn *E. dens-canis*, der auf lichten Grasflächen unter Bäumen gedeiht, trägt seine rosa, weißen oder lila Blüten auf 10 cm hohen Stengeln über purpurn geflecktem Laub. Für den Englischkundigen bedürfen die Blütenfarben von Formen wie ›Lilac Wonder‹, ›Purple King‹, ›Rose Queen‹ und ›Snowflake‹ keiner Erläuterung. ›Frans Hals‹ ist rosaviolett, ›Charmer‹ zartrosa. Aus Nordamerika stammen die langstieligeren Forellenlilien mit marmoriertem Laub wie die dunkelste aus der Johnsonii-Gruppe, *E. revolutum,* mit rosafarbenen, zurückgebogenen Petalen, und *E. californicum* mit bronzefarbenen Blättern und elfenbeinfarbenen, am Grund rostrot und gelb gezeichneten Blüten. *E. tuolumnense* trägt seine zitronengelben Blüten über einfarbig grünen Blättern. Erwähnenswerte Hybriden sind die wertvolle ›White Beauty‹ mit zurückgeschlagenen, milchigweißen Blütenblättern, ›Pagoda‹ und ›Kondo‹ (beide schwefelgelb) und ›Citronella‹ mit großen, nickenden, zitronengelben Blü-

Erythronium ›Citronella‹.

ten, die außen leicht grün gefärbt sind. *E. americanum* ist eine zwergwüchsige Art mit sattgelben, lila gefleckten Blüten. Die empfindlichen Zwiebeln dieser Gewächse dürfen während der Ruhezeit nicht austrocknen.
H: 15–25 cm; B: 15 cm. **Standort:** Streuschatten. **Winterhärte:** hart. **Boden:** Laubhumus. **Pflanzpartner:** *Trillium, Anemone nemorosa.*

Forellenlilie siehe *Erythronium*

Fritillaria
(Schachbrettblume, Kaiserkrone)

Die meisten Blumen dieser Gattung bevorzugen einen offenen Standort, doch einige wenige gedeihen auch in leichtem Schatten gut. Die bleichgelben Blüten der *F. pallidiflora* auf 30 cm hohen Stengeln im Frühling sehen aus wie kantige Tulpen. *F. verticillata* hat quirlständige Blätter und weitglockige Blüten in blassem Jadegrün an 60 cm hohen Stengeln, während die grünlichen Blütenglocken der *F. involucrata* eine bräunliche bis purpurne Würfelung aufweisen. *F. pontica* trägt auf 30 cm hohen Stengeln bauchige, grüne Blüten mit braunem Saum. Die Blütenglocken der *F. pyrenaica* sind außen mahagonifarben und innen goldgelb, die der höheren *F. acmopetala* wiederum außen grün und innen mahagonifarben. Die Schachbrettblume, *F. meleagris*, wächst normalerweise auf sumpfigen Wiesen, doch gedeiht sie bei ausreichender Feuchtigkeit auch auf lichten Grasflächen unter Bäumen. Die Formenvielfalt reicht vom bekannten, hell- und dunkelweinrot gewürfelten Habitus bis hin zur reinweißen Form (*F. meleagris* ›Alba‹). Am spätesten von allen Arten blüht *F. camtschatcensis*, eine Waldpflanze mit grünen, quirlständigen Blättern und nickenden, fast schwarzen, glockigen Blüten auf 45 cm hohen Stengeln im frühen Sommer.
H: 20–60 cm; B: 15–30 cm; **Standort:** leicht schattig. **Winterhärte:** hart. **Boden:** feuchter bis gut drainierter Laubhumusboden. **Pflanzpartner:** *Arisaema, Tricyrtis.*

Galanthus
(Schneeglöckchen)

Die meisten Schneeglöckchen zeigen im leichten Schatten gutes Gedeihen. An ihnen zusagenden Standorten bilden *G. nivalis* und seine gefüllte Form auf Waldböden in kurzer Zeit einen weißen Blütenteppich. Sammler unterscheiden anhand kleinster Details eine große Anzahl von Arten und Sorten: Nichtspezialisten werden sich wohl schon mit einigen wenigen wie ›S. Arnott‹ mit großen, wunderschön geformten Blüten, ›Magnet‹ mit langstieligen, im Wind schwankenden Blüten oder dem äußerst frühblühenden *G. nivalis* ›Atkinsii‹ zufriedengeben. An weiteren Arten wären zu nennen: *G. plicatus* mit zurückgebogenen Blatträndern und großen, klar gezeichneten Blüten: *G. elwesii* mit breiten, blaugrünen, seitlich eingerollten Blättern und großen, dunkelgrün gezeichneten Blüten sowie der später blühende, grünblättrige *G. ikariae*. Zu den erlesensten gefüllten Sorten gehören ›Hippolyta‹ und ›Desdemona‹ mit ihren dichten, rosettenförmigen Blüten und die zierliche, gelb gezeichnete ›Lady Elphinstone‹.
H: 15 cm; B: 10 cm. **Standort:** halbschattig. **Winterhärte:** hart. **Boden:** jeder passable Gartenboden. **Pflanzpartner:** *Eranthis hyemalis, Cyclamen coum.*

Hundszahn siehe *Erythronium*

Kaiserkrone siehe *Fritillaria*

Lilie siehe *Lilium*

Lilium
(Lilie)

Die Türkenbundlilie, *Lilium martagon*, trägt ihre turbanähnlichen Blüten auf 90 cm hohen Stengeln im Frühsommer. Sie weist eine exquisite, weiße Form namens *L. martagon* ›Album‹ sowie eine mit weißbehaarten Knospen und dunkelpurpurnen Blüten namens *L. martagon* var. *cattaniae* auf. Eine weitere, robuste, wenn auch weniger

Fritillaria meleagris

> Schattenliebende Zwiebel- und Knollengewächse gibt es für jede Jahreszeit, angefangen beim Schneeglöckchen und *Cyclamen coum*, die beide noch im Winter blühen, über Forellenlilien für den Frühling und echte Lilien für den Sommer bis hin zum herbstblühenden *Cyclamen hederifolium.*

elegante Lilie für schattige Standorte ist *L. pyrenaicum*. Sie gedeiht auf Wiesen und bildet dichte Blätterbüschel, über denen ihre gelben oder rostroten, stark duftenden türkenbundartigen Blüten thronen.
H: 50–120 cm; B: 20–45 cm. **Standort:** halbschattig. **Winterhärte:** hart. **Boden:** jeder gut drainierte Gartenboden. **Pflanzpartner:** *Paeonia, Hydrangea.*

Schachbrettblume siehe *Fritillaria*

Schneeglöckchen siehe *Galanthus*

Stauden

Corydalis cashmeriana

Actaea
(Christophskraut)

Diese Waldstaude mit fein eingeschnittenen Blättern und unscheinbaren Blüten wird vor allem wegen der auffälligen Beerenbüschel, die sie im Herbst trägt, angepflanzt. *A. alba* (syn. *A. pachypoda*) trägt weiße Beeren an fleischigen, roten Stielen auf 90 cm hohen Stengeln. *A. rubra* hat glänzendrote, *A. spicata* schwarzschimmernde Früchte; beide erreichen eine Höhe von bis zu 45 cm. Die Beeren der *A. erythrocarpa* an 75 cm langen Stengeln sind kleiner, weinrot und wie auch die der anderen Arten giftig.
H: 45–90 cm; B: 30–45 cm. **Standort:** verträgt Vollschatten. **Winterhärte:** hart. **Boden:** feucht. **Pflanzpartner:** *Gentiana asclepiadea, Tricyrtis hirta.*

Anemone nemorosa
(Buschwindröschen)

Einige Gartenformen: Weiß – ›Leed's Variety‹, große, leicht rosa überhauchte Blüten; ›Wilk's Giant‹, besonders großblumig, reinweiß; ›Hilda‹, kleine, vielpetalige Blüten. Rosa – ›Lismore Pink‹, blaßrosa, dunkle Stengel; ›Pentre Pink‹, Blüten später tiefrosa, in Rot übergehend. Gefüllt – ›Bracteata Plena‹, viele, schmale, häufig leicht grün getönte Blütenblätter; ›Alba Plena‹ und ›Vestal‹ mit gefüllter Mitte und gewöhnlichen Petalen am Rand. Blau – ›Lismore Blue‹, lavendelblau, Außenseite grau, Stengel dunkel; ›Blue Bonnet‹, himmelblau, Außenseite grau; ›Robinsoniana‹, blaß lavendelblau, Außenseite beige; ›Allenii‹, große, lavendelfarbene Blüten mit kräftig violetter Außenseite; ›Royal Blue‹, blau wie Ehrenpreis, mit blasserer Außenseite; ›Bowles's Purple‹, dunkle Knospen, Blüten lavendelfarben; ›Hannah Gubbay‹, rötlichbraune Knospen, Blüten zunächst lila, später blau.
›Virescens‹ ist eine Kuriosität mit duftigen, grünen Rosettenblüten. Große Ähnlichkeit mit den Buschwindröschen haben *A. ranunculoides* in leuchtendem Gelb mit einfachen oder gefüllten flachschaligen (›Flore Pleno‹) Blüten und die Hybride *A. × intermedia, syn. A. × seemannii* (*A. nemorosa × A. ranunculoides*) in Blaßgelb. Alle besitzen kriechende Wurzeln und zierliches Laub.
H: 10–20 cm; B: 30 cm. **Standort:** Halb- oder Streuschatten. **Winterhärte:** hart. **Boden:** jeder Laubhumusboden. **Pflanzpartner:** *Narcissus cyclamineus, Primula* ›Garryarde Guinevere‹.

Bergenia
(Bergenie)

Kräftige Blätter und eine sehr frühe Blüte im Frühling charakterisieren diese geradezu unverwüstlichen Pflanzen, die mit jedem Boden zufrieden sind. *B. cordifolia* hat große, grüne Blätter und blaßlilarosa Blüten; schöner ist ›Purpurea‹ mit magentaroten Blüten auf roten, 75 cm hohen Stengeln und Blättern, die sich im Winter verfärben. *B. crassifolia* besitzt verkehrt eiförmige Blätter, die sich im Winter rotbraun färben, und blaßlilarosa Blüten auf 30 cm hohen Stengeln. Die zwergwüchsige *B. stracheyi* ist nur 25 cm hoch und trägt rundliche Blätter sowie weiße oder rosafarbene Blüten. Erwähnenswerte Hybriden sind ›Bressingham White‹ und ›Silberlicht‹ (weiß); ›Bressingham Bountiful‹ und ›Bressingham Salmon‹ (rosarot); ›Abendglut‹ (halbgefüllt, dunkelrot); ›Morgenröte‹ (dunkelrosa, im Sommer remontierend); ›Ballawlay‹ (rote Blüten, glänzende Blätter – Ballawlay-Hybriden sind leichter erhältlich); ›Sunningdale‹ (pinkfarbene Blüten, rotbraune Laubfärbung im Winter). Die Formen, die sich im Winter einfärben, brauchen volle Sonne, um leuchtende Töne hervorzubringen. *B. ciliata* ist relativ empfindlich, ihre großen, behaarten Blätter sind frostgefährdet, die Wurzeln jedoch winterhart.
H: 20–60 cm; B: 30–60 cm. **Standort:** verträgt Vollschatten. **Winterhärte:** hart. **Boden:** äußerst anspruchslos. **Pflanzpartner:** *Iris foetidissima* ›Variegata‹, *Dicentra.*

Bergenie siehe *Bergenia*

Buschwindröschen siehe *Anemone nemorosa*

Cardamine
(Schaumkraut, Zahnwurz)

Schaumkraut und Zahnwurz sind dankbare Frühlingsstauden für kühlen Boden. *C. enneaphyllos* (syn. *Dentaria enneaphyllos*) trägt blaßcremegelbe Blüten auf 15 cm hohen Stengeln über leicht bronzefarbenen Blättern. *C. kitaibelii* hat ebenfalls blaßgelbe Blüten und quirlartig angeordnete, grüne, gefiederte Blätter. *C. heptaphylla* (syn. *Dentaria pinnata*) besitzt geteilte Blätter in frischem Grün und reinweiße Blüten auf 45 cm hohen Stengeln. *C. pratensis*, das Wiesenschaumkraut, fühlt sich auf feuchten Wiesen wohl; die gefüllte Sorte ›Flore Pleno‹ weist die gleiche zartlila Färbung auf und erreicht eine Höhe von 25 cm. *C. pentaphyllos* (syn. *Dentaria digitata*) hat rosaviolette, *C. raphanifolia* (syn. *C. latifolia*) lavendelfarbene Blüten auf 45 cm langen Stengeln. Als Bodendecker eignet sich *C. trifolia*

mit ihren immergrünen, dunklen, dreiteiligen Blättern und kleinen, reinweißen Trugdolden auf 15 cm hohen Stengeln.
H: 15–60 cm; B: 20–50 cm. **Standort:** Halbschatten. **Winterhärte:** hart. **Boden:** feucht. **Pflanzpartner:** *Uvularia, Primula vulgaris* ›Schneekissen‹.

Christophskraut siehe *Actaea*

Christrose siehe *Helleborus*

Convallaria majalis
(Maiglöckchen)

Diese beliebte Blume mit ihren lieblich duftenden, weißen Glöckchen im Frühling schätzt kühlen Laubhumusboden, gedeiht aber auch in Lehm und kämpft sich gar durch den harten Boden eines Weges. ›Fortin's Giant‹ blüht zwei Wochen länger als die reine Art. Zu den erleseneren und sich weniger stark ausbreitenden Formen gehören die rosafarbene ›Rosea‹, die gefüllte, weiße ›Prolificans‹ sowie ›Albostriata‹, deren Blätter blaßgelb gestreift sind.
H: 20–30 cm; B: 15–45 cm. **Standort:** Halbschatten. **Winterhärte:** hart. **Boden:** keine besonderen Ansprüche. **Pflanzpartner:** *Hosta, Polygonatum.*

Corydalis
(Lerchensporn)

C. lutea ist ein hübsches Kraut mit zierlichem, grünem Laub und goldgelben, gespornten Blüten, das sich hervorragend für die Begrünung von Mauerspalten in schattiger Lage eignet und eine Höhe von 30 cm erreicht. Edler ist *C. ochroleuca* mit elfenbeinfarbenen Blüten über gräulichgrünem Laub. *C. cheilanthifolia* besitzt filigrane, bronzene Blätter und dichte, 20 cm hohe Ähren gelber Blüten. Sie alle verwildern leicht an ihnen zusagenden Plätzen. Andere Arten dagegen sind schwieriger zu kultivieren: *C. cashmeriana* und *C. ambigua* in Azurblau sowie ›George P. Baker‹, die lachsrote Sorte von *C. solida* (an sich eine unkomplizierte Pflanze mit mauvefarbenen Blüten).

H: 15–30 cm; B: 10–45 cm. **Standort:** halbschattig. **Winterhärte:** hart. **Boden:** kühler Laubhumusboden. **Pflanzpartner:** *Meconopsis, Gentiana.*

Dreiblatt siehe *Trillium*

Elfenblume siehe *Epimedium*

Epimedium
(Elfenblume, Sockenblume)

Unverzichtbare Schattenstauden, die das ganze Vegetationsjahr über wirkungsvoll sind. Sie besitzen äußerst dekoratives, zähes, teils lederartiges, dunkelgrünes bis bronzefarbenes Laub und zierliche, oftmals gespornte Blüten in Form lockerer Rispen in verschiedenen Farben. Die meisten von ihnen sind hervorragende Bodendecker. Zu den immergrünen Elfenblumen zählen: *E. perralderianum* mit glänzendgrünen, gezähnten Blättern und leuchtendgelben, nahezu spornlosen Blüten auf 45 cm hohen Stengeln im Frühling; E. *pinnatum* ssp. *colchicum* mit im Winter bronzen überlaufenen Blättern und leuchtendgelben, spornlosen Blüten auf 30 cm langen Stengeln im Frühling: *E.* × *perralchicum* mit großen, gelben Blüten, und *E.* × *cantabrigiense* mit kleinen, gelbroten Blüten auf 40 cm hohen Stengeln.
Unter den laubabwerfenden Arten zeigen viele einen farbigen Austrieb. Dazu gehören *E. alpinum* mit gelbroten, sehr kleinen Blüten auf 20 cm hohen Stengeln und seine 30 cm hohe Hybride *E.* × *rubrum* mit purpurroten, weiß gespornten Blüten über rot getuschten Blättern sowie *E.* × *versicolor* mit seinen goldgelben Kulturvarietäten ›Sulphureum‹ und ›Neo-sulphureum‹, sowie dem kupferfarbenen ›Cupreum‹ und dem rosagetönten ›Versicolor‹, welche allesamt eine Höhe von 30 cm erreichen. *E.* × *warleyense* trägt auf 30 cm hohen Stengeln orangefarbene Blüten über hellgrünen Blättern mit rötlichem Rand. Die schönsten Blüten weisen *E. grandiflorum* und seine Kulturformen ›Crimson Beauty‹, ›Rose Queen‹, ›White Queen‹ und das bezaubernde ›Violaceum‹ auf (alle etwa 30 cm hoch). Bei beengten Platzverhältnissen bietet sich das nur 20 cm hohe *E.* × *youngianum* mit mauvefarbenen (›Roseum‹) oder weißen (›Niveum‹) Blüten und doppelt dreiteiligen, gezähnten und bewimperten Blättern an.
H: 20–40 cm; B: 30–45 cm. **Standort:** Halbschatten. **Winterhärte:** hart. **Boden:** jeder gute Gartenboden. **Pflanzpartner:** *Corydalis ochroleuca,* Farne.

Actaea pachypoda

Von den Wildblumen des Waldbodens bis zu Rabattenstauden reicht das Spektrum der blühenden Pflanzen in gedämpften oder leuchtenden Farben und der zart oder kräftig belaubten Blattschmuckgewächse für den schattigen Garten.

Gentiana asclepiadea

Farne

Die Vielfalt dieser unverzichtbaren Bestandteile eines Schattengartens reicht von den kräftigen Schwertwedeln des Hirschzungenfarns, *Phyllitis scolopendrium*, und seiner Sorten ›Undulatum‹ und ›Crispum‹ mit ihren gewellten bzw. krausen Rändern über die duftigen Wedel des Frauenfarns, *Athyrium filix-femina*, bis hin zum weich und filigran gefiederten Schildfarn, *Polystichum setiferum*.

Aus der langen Liste existierender Farne sei im folgenden ein gutes Dutzend meiner Lieblingsfarne herausgegriffen: *Adiantum pedatum*, ein zierlicher Frauenhaarfarn mit schwarzen, 45 cm hohen Stengeln; *Athyrium niponicum* ›Pictum‹, der Japanische Regenbogenfarn, mit gefiederten, 60 cm langen, metallisch grauen, rötlichpurpurn gezeichneten Wedeln an rotbraunen Stengeln; *Blechnum tabulare* mit kräftigen, ledrigen, im Austrieb kupfern gefärbten Wedeln, 90 cm hoch; *Cystopteris bulbifera*, weiche, vielfachgefiederte, hellgrüne Wedel (Höhe 45 cm) mit kleinen Bulbillen an der Unterseite, die abfallen und zu Jungpflanzen heranwachsen; *Dryopteris affinis*, der Goldschuppenfarn, und die ihm ähnelnde *D. wallichiana* – bei beiden handelt es sich um wunderschöne, kräftige Farne, deren junge, goldene Wedel im Frühling wie Krummstäbe eingerollt sind und eine Länge von 1,50 m erreichen; *Matteuccia struthiopteris*, der Strauß- oder Trichterfarn, eine feuchtigkeitsliebende, rhizombildende Art mit trichterförmig zusammenstehenden, hellgrünen, 90 cm langen Wedeln; *Onoclea sensibilis*, der Perlfarn, lichtgrün mit einfach gefiederten Wedeln und stark kriechenden, feuchtigkeitsliebenden Wurzeln, bis 60 cm hoch; *Osmunda regalis*, der viel Feuchtigkeit verlangende Königsfarn, mit mächtigen, aber dennoch eleganten, grünen Wedeln, die im Austrieb kupferfarben sind und eine Länge von 1,50 m erreichen; *Polypodium vulgare* ›Cornubiense‹, eine stark gefiederte Kulturvarietät des robusten, genügsamen Tüpfelfarns, zeigt selbst im Spätsommer noch ein frisches Grün, Wuchshöhe 30 cm; *Polystichum aculeatum*, der immergrüne, harte Schildfarn, mit glänzenden, grünen, bis 90 cm langen Wedeln; *P. munitum*, der Schwertfarn (unter dem gleichen Namen sind einige frostempfindliche *Nephrolepis*-Arten bekannt), mit glänzenden, immergrünen, leicht gedrehten Wedeln, die sich aus streifenförmigen Fiedern zusammensetzen und 90 cm lang werden; bestimmte Formen des *P. setiferum*, wie z. B. ›Pulcherrium Bevis‹, mit stark gegliederten, vorne spitz zulaufenden Fiedern sowie die Farne aus der Plumoso-Divisilobum-Gruppe, deren Wedel so fein gefiedert sind, daß sie an Moos erinnern – die Wedel erreichen bei beiden eine Länge von 90 cm; und nicht zu vergessen die etwas frostempfindliche *Woodwardia radicans* mit bogigen, mittelgrünen, tief fiederschnittigen Wedeln, die, steckt man die Spitzen in die Erde, anwurzeln.

H: 15–150 cm; B: 15–90 cm. **Standort:** vertragen Vollschatten. **Winterhärte:** unterschiedlich. **Boden:** hoher Laubanteil. **Pflanzpartner:** *Hosta, Polygonatum.*

Feigwurz siehe *Ranunculus ficaria*

Felsenteller siehe *Ramonda*

Funkie siehe *Hosta*

Fußblatt siehe *Podophyllum*

Gentiana asclepiadea
(Schwalbenwurzenzian)

Der Schwalbenwurzenzian ist eine anspruchslose, für jeden feuchten Boden geeignete Staude, die eine Höhe von bis zu 90 cm erreicht. Die gebogenen, dichtbeblätterten Stengel tragen im Herbst ultramarinblaue, glockige Blüten. ›Knightshaye‹ zeigt ein klares Blau und einen weißen Schlund, ›Phyllis‹ ist himmelblau, ›Alba‹ ist von exquisitem Weiß.

H: 90 cm; B: 60 cm. **Standort:** halbschattig. **Winterhärte:** hart. **Boden:** feucht. **Pflanzpartner:** *Kirengeshoma palmata, Actaea.*

Germer siehe *Veratrum*

Haberlea
(Haberlee)

Gesneriengewächs für Fels- und Mauerfugen in schattiger Lage (vgl. auch *Ramonda*). Sowohl *H. rhodopensis* als auch *H. ferdinandi-coburgii* formen flache Rosetten aus dunkelgrünen, gesägten Blättern und treiben im Spätfrühling asymmetrische Blüten. Erstere Art ist im allgemeinen zartlila, ihre weiße Form, ›Virginalis‹, weist grüne Blütenschlünde auf. Die andere Art hat größere, weit trichterförmige, violette Blüten mit gelb geflecktem Schlund. Beide sind etwa 10 cm hoch.

H: 10 cm; B: 15 cm. **Standort:** Vollschatten. **Winterhärte:** hart. **Boden:** kühl. **Pflanzpartner:** *Adiantum pedatum* var. *aleuticum, Dicentra cucullaria.*

Haberlee siehe *Haberlea*

Helleborus
(Christrose und Nieswurz)

H. niger ist die bekannte Christrose, deren große, weiße Blüten auf 30 cm hohen Stengeln im Winter erscheinen. Ihre Blätter sind immergrün, mehrteilig, dick und ledrig. Die Christrose ist besonders langlebig und entwickelt sich zu einer großen, reichblühenden Staude. Nicht umsonst hat sie eine lange Tradition als Gartenpflanze.

Von den Nieswurz-Typen blüht *H. atrorubens* am frühesten. Seine halb nickenden, purpurroten Blüten sitzen auf 45 cm hohen Stengeln. Auch *H. foetidus* blüht im Winter, die begehrtesten Formen verströmen in der kalten Luft einen intensiven Duft. Seine schwärzlich-grünen, deutlich gefingerten Blätter werden von Rispen kleiner, grüner, purpurn gesäumter Glöckchen überragt. ›Wester Flisk‹ fällt durch rote Stengel und graugetönte Blätter auf. Weniger in Gärten verbreitet sind Arten mit größeren, schalenförmigen, grünen Blüten, wie der duftende *H. cyclophyllus*, *H. dumetorum*, *H. multifidus* var. *bocconei* aus Italien, *H. multifidus* var. *multifidus* mit schleifenförmigen Blattsegmenten und *H. viridis* mit einer bis in den Sommer hineinreichenden Blüte. Die korsische Nieswurz *H. lividus* ssp. *corsicus* ist ein Halbstrauch mit immergrünen, spitz gesägten, gräulichen Blättern und grünen, nickenden Becherchen an dicken Stielen im Frühling. *H. lividus*, wie die korsische Nieswurz etwas frostempfindlich, unterscheidet sich durch eine reizvolle rosa und taubengraue Tönung.

Kreuzungen dieser Arten mit *H. niger* ergaben einige Hybriden von erlesener Schönheit: *H.* × *nigercors* mit großen, grün durchscheinenden Blüten, *H.* × *sternii*, deren Farben an *H. lividus* erinnern, sowie *H.* × *nigristern*. Die zum Frühlingsanfang blühende Nieswurz *H. orientalis* ist eine sehr variable Art, ihre Formen sind entweder nach Farben geordnet oder unter eigenen Sortennamen erhältlich. Die Palette reicht von Weiß (mit oder ohne die von *H. orientalis* var. *guttatus* geerbte dunkle Sprenkelung) über blasses und mittelkräftiges Rosa bis hin zu Pflaumenblau und annäherndem Schwarz mit einigen Abstechern ins Blaßgelb (aus der Kochii-Gruppe). Auch bei den Blütenformen gibt es große Unterschiede: Die einen tragen aufrechte, große, schalenartige Blüten, andere wiederum haben nickende, im Umriß an einen ausgestellten Rock erinnernde Blüten, die um einiges reizvoller, aber weniger geeignet sind, um ein getöntes Blüteninneres zu enthüllen. Bei zwei kleinen, dunkelblütigen Arten, *H. purpurascens* und *H. torquatus*, sind die Außenseiten der Blütenblätter graublau getönt.

H: 30–60 cm; B: 30–60 cm. **Standort:** leichter Schatten oder Halbschatten. **Winterhärte:** bedingt hart bis hart. **Boden:** jeder brauchbare Gartenboden. **Pflanzpartner:** *Ribes laurifolium*, *Euphorbia amygdaloides* ›Rubra‹.

Hemerocallis
(Taglilie)

Die altbekannte *H. lilioasphodelus* (syn. *H. flava*) treibt ihre duftenden, trichterförmigen Blüten im Sommer. Gegen Abend öffnen sich die grünlichgelben Blüten der *H. citrina*. Was Duft anbelangt, sind die gelbblütigen den exotischeren, rosafarbenen oder dunkelroten Hybriden sowie denen in gedämpftem oder feurigem Orange weit überlegen; vier altbewährte Gartenformen sind ›Marion Vaughn‹, ›Hyperion‹, ›Larksong‹ und die blasse ›Whichford‹. Zu den kleinblütigen Taglilien zählen Arten wie *H. dumortieri* und *H. middendorfii*, beide mit mahagonifarbenen Knospen auf 60 cm hohen Stengeln, die sich im frühen Sommer zu duftenden, orangegelben Blüten entfalten, sowie die größere *H. multiflora* mit duftenden, bernsteingelben Blüten auf verzweigten Stielen im Spätsommer. Unter den Hybriden letzterer verdienen ›Isis‹, ›Golden Chimes‹ und die kräftig zitronengelbe ›Corky‹ besondere Erwähnung. Die Blüten einer anderen altbekannten Taglilie, *H. fulva*, zeigen ein langweiliges Rostorange, doch die jungen Blätter warten im Frühling mit einer interessanten, grellgrüngelben Färbung auf. Unter ihren Kulturformen finden sich unregelmäßig gefüllt-blühende Sorten sowie eine begehrenswerte Sorte mit cremefarbenem gestreiftem Laub namens ›Kwanzo Variegata‹. Für kleine Areale bieten sich *H. minor* mit duftenden, gelben, trichterförmigen Blüten auf 45 cm hohen Stengeln im frühen Sommer sowie die seltene *H. forrestii* in einem warmen Orangeton an. Die großblumige, niedrige ›Stella d'Oro‹ in kräftigem Goldgelb ist für ihre lange Blütezeit bekannt.

H und B: 45–90 cm. **Standort:** leicht schattig. **Winterhärte:** hart. **Boden:** jeder passable Gartenboden. **Pflanzpartner:** *Hosta*, *Phlox*.

Herzblattlilie siehe *Hosta*

Haberlea rhodopensis

Hosta
(Funkie, Herzblattlilie)

Diese höchst dekorativen Blattschmuckstauden sind für den Schattengarten von unschätzbarem Wert. Alle besitzen rosettenförmig entspringende, gestielte Blätter, jedoch mit den verschiedensten Blattmaßen: von Daumennagel- bis mehr als Tellergröße. Die Blattformen variieren von lanzettlich bis breit-herzförmig, die Blattfarben zeigen ein breites Spektrum von einfarbig hellgrün bis stahlblau sowie die unterschiedlichsten Panaschierungen in Weiß- und Gelbtönen. Die Blätter können glatt, gewellt oder gerunzelt sein. Arten mit runzligen Blättern wie *H. sieboldiana* und *H. tokudama* sollten nicht unter Bäumen stehen, da sich auf ihrer Blattoberfläche der Dreck sammelt. Aus Platzgründen können an dieser Stelle aus den Hunderten verschiedener Arten und Sorten nur etwa zwanzig – nach Blattgröße geordnet – angeführt werden.
Groß: ›Krossa Regal‹ mit spitzen, aufrechten, unterseits weißbereiften Blättern und fliederfarbenen Blüten auf 1,50 m hohen Stengeln (›Snowden‹ sehr ähnlich); ›Shade Fanfare‹, grünes Laub mit cremefarbenem Rand; *H. sieboldiana*, große, herzförmige, gräulich-grüne oder – besonders bei *H. sieboldiana* var. *elegans* – graubereifte Blätter, nur um weniges überragt von den kurzen Schäften bleichvioletter Blüten; zu den auf *H. sieboldiana* zurückgehenden Sorten zählen ›Big Daddy‹ und ›Blue Umbrellas‹ mit blauen, ›Sum and Substance‹ mit grüngoldenen und ›Wide Brim‹ mit blaugrünen, breit cremiggelb gerandeten Blättern.
Mittelgroß: *H. crispula*, Laub dunkelgrün mit breitem, weißem Rand, Blüten blaßlila auf 75 cm hohen Stengeln im frühen Sommer; *H. fortunei* ›Albopicta‹, zunächst gelbes, grün umrandetes Laub, später in Blaß- und Dunkelgrün übergehend, zartlila Blüten auf 75 cm hohen Stengeln im Sommer; *H. fortunei* ›Aurea Marginata‹ (›Obscura Marginata‹), grünes Laub mit cremegelbem Rand; *H. fortunei* ›Hyacinthina‹, graugrüne Blätter mit grauer Umrandung, schöne violette Blüten; ›Francee‹, tiefgrünes, weiß gerandetes Laub, 60 cm hohe, lavendelfarbene Blüten im Spätsommer; ›Frances Williams‹, blaßgelb gerandete Sorte von *H. sieboldiana*; ›Halcyon‹, stark bläulich getönte Blätter und blaßlila Blüten auf 45 cm hohen Stengeln im Sommer; ›Royal Standard‹, hellgrünes Laub und duftende, violette bis weiße Blüten in 90 cm Höhe im Spätsommer, schöner als ›Honeybells‹; ›Tall Boy‹, frisches Grün und auffällige, tieflilafarbene Blüten auf 1,50 m hohen Stengeln im Sommer; ›Thomas Hogg‹ (syn. *H. undulata* ›Albomarginata‹), dunkelgrünes Laub mit elfenbeinfarbenem Rand, 60 cm hohe, violette Blüten im Frühsommer; *H. tokudama* ›Aureonebulosa‹, konkave, blasig aufgetriebene, blaue Blätter mit blaßgelben und lindgrünen Flecken; *H. ventricosa* ›Aureomaculata‹, glänzenddunkelgrüne Blätter mit gelbem Rand, tieflila Blüten auf 1,20 m hohen Stengeln im Spätsommer.
Klein: ›Blue Moon‹, tief gerillte, gräulichblaue Blätter; ›Hydon Sunset‹, gelbgrün; *H. lancifolia*, zugespitzte, glänzenddunkelgrüne Blätter und fliederfarbene Blüten auf 45–60 cm hohen Stielen im Spätsommer; *H. minor*, grüne, gedrehte Blätter, violette, 20 cm hohe Blüten im Spätsommer; *H. tardiflora*, glänzenddunkelgrünes Laub, im Herbst große, 30 cm hohe Blüten in tiefem Lila; *H. venusta*, ähnlich *H. minor*, aber noch kleiner.
Schmalblättrig: ›Ginko Craig‹, grün mit weißem Rand; ›Ground Master‹, hellgrün, breit weiß gerandet; *H. rohdeifolia* ›Albopicta‹, grüne Blätter lineal-lanzettlich mit breitem, gelbem Rand; *H. undulata* var. *undulata*, stark gewellte oder gedrehte Blätter mit breitem, weißem Streifen in der Mitte, kräftig lilafarbene Blüten, die auf 45 cm hohen Stengeln im Frühsommer erscheinen.
H: 15–150 cm; B: 20–90 cm. **Standort:** halbschattig. **Winterhärte:** hart. **Boden:** feuchtigkeitsspeichernd. **Pflanzpartner:** *Astilbe*, Farne.

Iris foetidissima

Die meisten Schwertlilien bevorzugen sonnige Standorte, die einzig wirklich schattenliebende Art ist *Iris foetidissima* mit immergrünen Blättern und unscheinbaren mattlila Blüten, denen Kapseln mit leuchtendorangen Samen folgen. Die Blüten von ›Citrina‹ in Hellgelb und Mauve sind wesentlich schöner als die der reinen Art und werden von sehr großen Samenkapseln abgelöst; ›Variegata‹ ist mit cremefarben gestreiftem Laub eine erstklassige, immergrüne Blattschmuckpflanze, besitzt aber weder Blüten noch Samen und ist frostempfindlicher als die reine Art. Ihre Blattschwerter werden ungefähr 45 cm lang.
H: 45–80 cm; B: 60 cm. **Standort:** verträgt Vollschatten. **Winterhärte:** hart bis bedingt hart. **Boden:** beliebig. **Pflanzpartner:** *Bergenia*, *Helleborus.*

Kirengeshoma palmata
(Wachsglocke)

Eine japanische, bis 90 cm hohe Staude mit hübschen, platanenartigen Blättern an dunklen, überneigenden Stengeln und zartgelben, gestrecktglockigen Blüten im Herbst.
H: 90 cm; B: 60 cm. **Standort:** halbschattig. **Winterhärte:** hart. **Boden:** feucht, kalkfrei. **Pflanzpartner:** *Gentiana asclepiadea*, *Hosta fortunei* ›Aurea Marginata‹.

Krötenlilie siehe *Tricyrtis*

Lerchensporn siehe *Corydalis*

Lungenkraut siehe *Pulmonaria*

Maiapfel siehe *Podophyllum*

Maiglöckchen siehe *Convallaria majalis*

Meconopsis
(Scheinmohn)

Zu dieser mit dem Mohn *(Papaver)* nahe verwandten Gattung gehören die Pflanzen mit blauen, mohnähnlichen Blüten wie *M. betonicifolia* (mit einer Albinoform) und die großblütige *M. grandis*, deren Varietät GS600 besonders prächtig ist. Zu den Hybriden mit einem ebenso reinen Ultramarinblau zählen *M. × sheldonii* und ihre Sorten, ›Slieve Donard‹, die Crewdson-Hybriden und die riesige ›Branklyn‹, deren Blüten auf 1,50 m langen Stengeln einen Durchmesser von 20 cm erreichen können. Den gleichen Habitus, jedoch mit rahmweißen statt mit blauen Blüten, weist *M. × sarsonii* auf. Die exquisite *M. quintuplinervia* trägt im Frühling nickende, lavendelblaue Blüten auf 45 cm hohen Stengeln. Mehrere Arten blühen gelb: *M. dhwojii* mit schönem, filigranem, zottig behaartem Laub in Blaugrau; *M. regia* mit nickenden, flachen Blüten in Blaßgelb über 90 cm hohen, golden behaarten Blattrosetten; *M. integrifolia* mit gelbseidigen Blüten im Spätfrühling und Frühsommer, die mit ihrer Breite von bis zu 30 cm Lampenschirmgröße erreichen. Alle diese Arten sind monokarpisch, d. h., sie sterben nach der Blüte ab.
Zu den mehrjährigen gelbblühenden Arten zählen die zierliche *M. chelidonifolia* mit eingeschnittenen Blättern, die denen des Schöllkrauts ähneln, und kleinen, gelben Blüten in luftiger Höhe (1,20 m) und *M. villosa*, die ihre zitronengelben Blüten im Frühling auf 60 cm hohen Stengeln über bernsteinfarben behaarten Blattrosetten trägt. Die bei uns am weitesten verbreitete Art ist die pflegeleichte *M. cambrica*, die sich durch Selbstaussaat schnell vermehrt und gelbe oder orangerote, manchmal auch gefüllte Blüten treibt und farnähnlichen Laub besitzt.
H: 30–150 cm; B: 30–60 cm. **Standort:** halbschattig. **Winterhärte:** hart. **Boden:** feucht, gut drainiert, kalkfrei. **Pflanzpartner:** *Primula sikkimensis*, Azaleen.

Nicotiana
(Tabak)

N. sylvestris ist eine Riesin unter den Tabakpflanzen: Sie bildet dichte Büschel zartgrüner, klebriger, langer Blätter, die von imposanten, bis 1,80 m hohen, lockeren Rispen weißer, langröhrig-trichterförmiger Blüten überragt werden. Die Blüten verströmen besonders nachts einen intensiven, lieblichen Duft. Überwinterte Pflanzen fangen ab Mitte des Sommers an zu blühen. Nur in milden Gegenden übersteht die grünblütige *N. langsdorfii* den Winter eventuell auch draußen. Sie erreicht eine Höhe von 90 cm und besitzt kleine, trichterförmige Blüten mit weiter Öffnung und azurblauen Staubblättern.
H: 60–180 cm; B: 60–90 cm. **Standort:** leicht schattig. **Winterhärte:** nicht hart. **Boden:** jeder passable Gartenboden. **Pflanzpartner:** *Veratrum, Hemerocallis.*

Nieswurz siehe *Helleborus*

Paeonia
(Pfingstrose)

Die meisten Pfingstrosen gedeihen an einem offenen Standort am besten, doch gibt es auch einige, die gern gegen Wind und Sonne geschützt stehen. Dazu gehören *P. mlokosewitschii* mit rosa überhauchtem Austrieb und kurzlebigen, zitronengelben, becherförmigen Blüten; *P. wittmanniana*, etwa 60 cm hoch, deren Blüten etwas größer sind, sowie die erlesenen Formen *P. obovata* ›Alba‹ mit weißen und *P. obovata* var. *willmottiae* mit zitronenfarbenem Laub und Blüten in 45 cm Höhe. Sie alle lassen sich aus Samen ziehen, wobei nur die blauen und schwarzen Samen fruchtbar, die roten dagegen steril sind. Die jungen Blätter der *P.-wittmanniana*-Hybride ›Mai Fleuri‹ sind bronzen- und mahagonigefärbt, die Blüten cremefarben mit einem Hauch von Rosa. Andere Arten besitzen einen mehr oder weniger schnell wachsenden knolligen Wurzelstock: So *P. mascula* ssp. *arietina* mit magenta- bis rosenroten Blüten und gräulichem Laub und ihre wertvolle, 75 cm hohe Sorte ›Northern Glory‹; die niedrigere *P. mollis* mit leuchtendmagentaroten Blüten und grauvioletten Blättern; *P. tenuifolia* mit fein zerschlitzten Blättern und dunklen, blutroten Blüten auf 45 cm hohen Stengeln; und die scharlachrote *P. peregrina* (syn. *P. lobata*) mit ihren Kultursorten ›Fire King‹ (besonders leuchtend) und ›Sunshine‹ (leicht lachsfarben). Sie alle erreichen eine Höhe von etwa 60 cm. Die nur 30 cm hohe *P. veitchii* var. *woodwardii* hat frisches, grünes Laub und rosafarbene Blüten. Hierbei handelt es sich um eine willig wachsende Pflanze, die nicht durch Wurzelteilung vermehrt werden kann und bei Anzucht aus den Samen sehr unterschiedlich ausfällt.
H: 45–100 cm; B: 60 cm. **Standort:** leicht schattig. **Winterhärte:** hart. **Boden:** jeder passable Gartenboden. **Pflanzpartner:** *Narcissus, Lilium.*

Pfingstrose siehe *Paeonia*

Kirengeshoma palmata

Primula × pruhoniciana ›Marie Crousse‹

Podophyllum

(Fußblatt, Maiapfel)

Eine kleine Gattung krautiger Stauden mit horizontalem Rhizom, deren Name im Volksmund die eigenartige Blattform wiedergibt. Das Fußblatt treibt im Frühling glänzende Spitzen durch den Boden, die sich zu blanken, fußförmig gelappten Blättern entfalten. Es trägt zarte, anemonenähnliche Blüten und entwickelt auffallend große, fleischige Früchte im Sommer und Herbst. *P. hexandrum* (syn. *P. emodi*) trägt im Frühling nickende, weiße Blüten, denen leuchtendrote, wie Eiertomaten geformte Früchte folgen; *P. hexandrum* var. *chinense* hat größere, rosafarbene Blüten. Das als Maiapfel bekannte *P. peltatum* trägt an jedem Stengel statt zwei Blättern nur eines. Den dezenten, weißen Blüten folgen hellrote oder gelbliche, duftende Früchte. Beide Arten erreichen bei voller Entwicklung eine Höhe von 45 cm, lieben feuchten, humosen Boden und lassen sich leicht aus Samen ziehen.
H: 45 cm; B: 30 cm. **Standort:** halbschattig. **Winterhärte:** hart. **Boden:** feucht. **Pflanzpartner:** Farne, *Mahonia.*

Polygonatum

(Salomonssiegel)

Das weitverbreitete *P. × hybridum* ist eine anspruchslose Schattenpflanze mit den für die Gattung typischen übergebogenen Stengeln, an denen im Spätfrühling schmale, grünlich-weiße Glöckchen hängen. ›Striatum‹ ist eine Kulturform mit cremefarben gestreiften Blättern. Mit 1,50 m ist *P. biflorum* doppelt so hoch, und auch *P. verticillatum* zählt zu den hochgewachsenen Arten, unterscheidet sich im Habitus mit seinen aufrechten Stengeln und quirlständigen, schmalen Blättern im übrigen jedoch deutlich. Das duftende *P. odoratum* mit seinen bis 60 cm hohen, kantigen Stengeln weist mehrere Formen auf, u. a. ›Flore Pleno‹ (gefüllt) und ›Variegatum‹ (kräftig cremefarben gestreift). *P. falcatum* mit dichtbeblätterten Stengeln und elfenbeinfarbenen Glöckchen im Spätfrühling ist nur halb so hoch; ›Variegatum‹ hebt sich durch weiß umrandete, rosa überhauchte Blätter ab.
H: 30–150 cm; B: 30–45 cm. **Standort:** Vollschatten. **Winterhärte:** hart. **Boden:** Laubhumus. **Pflanzpartner:** Farne, *Hosta.*

Primel siehe *Primula*

Primula

(Primel, Schlüsselblume)

P. vulgaris mit ihren blaßgelben Blüten hat eine Reihe verschiedenfarbiger Formen hervorgebracht. Die Kreuzung mit anderen Arten erweiterte die Farbpalette und erbrachte neue Blatt- und Wuchsformen. Die meisten reinerbigen Formen bereiten in der Kultur Schwierigkeiten, denn sie brauchen einen feuchten, humosen Boden, müssen häufig geteilt werden und sind daher nur etwas für den Liebhaber. Zu den einfach zu kultivierenden Formen vom Typus der *P. vulgaris* oder der P.-Polyantha-Hybriden zählen ›Garryarde Guinevere‹ mit bronzefarbenen Blättern und malvenfarbenen Blüten, *P. vulgaris* ssp. *sibthorpii* mit Blüten in blassem Mauve sowie ›Groeneken's Glory‹ in kräftigerem Lila. ›Schneekissen‹ zeigt weiße, ›Blue Riband‹ dunkelblaue Blüten mit gelbem Auge. Die alten, gefüllt-blühenden Sorten wie ›Lilacina Plena‹ in Zartlila und ›Alba Plena‹ in Weiß bereiten mehr Probleme. Von *P. juliae* abstammende Primeln sind im allgemeinen einfacher zu kultivieren, wobei die leuchtendmagentarote ›Wanda‹ nahezu unverwüstlich zu sein scheint. Mir persönlich gefallen ›Hall Barn White‹ und die schieferfarbene ›Hall Barn Blue‹. ›Tawny Port‹ mit dunklen Blättern und tief weinroten Blüten stellt höhere Ansprüche. ›Kinlough Beauty‹ mit rosafarbenen, buntgestreiften Blüten ist ebenso klein und zierlich wie die zwergwüchsigen *P.*-Polyantha-Hybriden ›Lady Greer‹ und ›McWatt's Cream‹ in blassestem Hellgelb. Zu den gefüllt-blühenden Formen zählen ›Marie Crousse‹ in Mauve mit weißen Sprenkeln sowie ›Our Pat‹ mit dunklen Blättern und tiefvioletten Blüten. ›Sue Jervis‹ mit gefüllten, pfirsichfarbenen Blüten scheint recht unkompliziert zu sein. Als Saatauslesen erhältlich sind die geränderten *P.*-Polyantha-Hybriden mit einem feinen, entsprechend der Augenfarbe gelben oder weißen Rand um jedes ihrer dunkelroten Blütenblätter. Unter den Sämlingen zeigt sich dann und wann ein Sonderling mit quasi ineinander gestapelten Blüten oder einer grünen Blätterkrause um die Blüten (Typ ›Jack-in-the-Green‹).
H und B: 10–15 cm. **Standort:** halbschattig. **Winterhärte:** bedingt hart bis hart. **Boden:** feucht, nährstoffreich, gut drainiert. **Pflanzpartner:** *Viola odorata, Dodecatheon.*

Pulmonaria

(Lungenkraut)

Das Lungenkraut ist eine anspruchslose, frühblühende Schattenstaude für nicht zu trockene Plätze. Unter den ersten ist *P. rubra* mit grünen, ungefleckten, weich behaarten Blättern und korallenroten Blüten auf 15 cm hohen

Stengeln. Zu den Auslesen gehören ›Bowles' Red‹, die weiße ›Redstart‹ sowie ›Barfield Pink‹. Die Blätter von *P. officinalis* sind weiß gefleckt und rauhhaarig, ihre Blüten wechseln die Farbe von Leuchtendrosa bis Blauviolett. ›Sissinghurst White‹ ist – ebenso wie ›Alba‹ – eine ansehnliche weiße Sorte. ›Bowles' Blue‹ und ›Cambridge‹ zeigen ein recht klares Blau. Die Blätter der *P. saccharata* mit großen, zu einer fast geschlossenen, silbrigen Fläche zusammenlaufenden Flecken sind meist sehr viel spektakulärer als die der *P. saccharata* var. *argentea*, aber in den violetten, von März bis April erscheinenden Blüten unterscheiden sie sich kaum. ›Mrs. Moon‹ ist eine besonders schöne Sorte mit silbergefleckten Blättern und leuchtend roten Blüten, die sich im verblühen bläulich färben. Auch die rosablütige ›Leopard‹ besitzt stark gesprenkelte Blätter. Die verwandte *P. vallarsae* ›Margery Fish‹ weist eine kräftige, silbergraue Sprenkelung auf. Die kleine *P. angustifolia* hat ungeflecktes, grünes Laub und treibt zum Frühlingsanfang ultramarinblaue Blütenbüschel aus röhrigen, fünflappigen borretschähnlichen Blüten. *P. angustifolia* var. *azurea*, ›Mawson's Variety‹ und ›Munstead Blue‹ sind reinerbige Formen. *P. longifolia* ist mit ihren langen, schmalen, silber gefleckten Blättern und ihren kleinen, intensiv blauen Blüten auf 20 cm hohen Stengeln im Spätsommer eine rundum attraktive Staude. Die Blütenfarbe von ›Bertram Anderson‹ spielt mehr ins Violette. Die größte Art dieser Gattung ist *P. mollis* mit tiefblauen, violett verblassenden Blüten auf 45 cm hohen Stengeln und großen, samtigen, grünen Blättern. Lungenkraut sollte nach der Blüte stark zurückgeschnitten, gedüngt und kräftig gegossen werden, damit die Pflanzen frische, neue Blätter treiben, die den ganzen Sommer über ansehnlich bleiben.
H: 10–45 cm; B: 15–60 cm. **Standort:** Halbschatten bis Vollschatten. **Winterhärte:** hart. **Boden:** jeder brauchbare Gartenboden. **Pflanzpartner:** *Dicentra*, kleine Narzissen.

Ramonda

(Felsenteller)

Eine weitere winterharte Gattung aus der Familie der Gesneriengewächse. *R. myconi* (syn. *R. pyrenaica*) trägt grundständige, dunkelgrüne, krause Blattrosetten und treibt im Spätfrühling radförmige, lavendelblaue Blüten mit gelber Mitte. Der rosablühende Typ heißt *R. myconi* ›Rosea‹. Die im übrigen ähnliche *R. nathaliae* unterscheidet sich durch ihr glänzendes Laub und hat außerdem eine reizvolle weiße Form hervorgebracht. Die Blüten der *R. serbica* sind kleiner und etwas glockig geschnitten. Alle erreichen mit ihren Blüten eine Höhe von etwa 10 cm und gedeihen am besten in senkrechten Steinfugen in sonnenabgewandter Lage.
H: 10 cm; B: 15 cm. **Standort:** Vollschatten. **Winterhärte:** hart. **Boden:** kühl. **Pflanzpartner:** *Adiantum pedatum* var. *aleuticum, Dicentra cucullaria.*

Ranunculus ficaria

(Scharbockskraut, Feigwurz)

Das gemeine Scharbockskraut kann leicht zu einer Plage werden, seine Gartenformen sind jedoch äußerst reizvolle, nicht wuchernde Liebhaberpflanzen. Zu den einfach-blühenden Sorten gehören ›Brazen Hussy‹ mit glänzenden, annähernd schwarzen Blättern und leuchtendgelben Blüten; *R. ficaria* ›Cupreus‹ mit kupfern schimmernden Blüten und ›Citrinus‹ in blassem Zitronengelb; *R. ficaria* ›Albus‹ in Weiß, aber weit weniger schön als ›Salmon's White‹ mit breiten, elfenbeinfarbenen Petalen und blaßgelber Mitte; ›Primrose‹ mit großen, üppigen Blüten. Es existieren auch mehrere gefülltblühende Kulturformen. *R. ficaria* ›Flore Pleno‹, zitronengelb mit grüner Mitte; ›Picton's Double‹ mit vollen, hellgelben Blüten; ›E. A. Bowles‹ mit seidig zitronenfarbenen Petalen; ›Collarette‹ mit einem hübschen Kranz kleiner, gelber Petalen um eine enge Mitte; eine gefüllte, cremefarbene Sorte, bei der die Rückseite der Blütenblätter dunkel gefärbt ist sowie eine gefüllte, bronzefarbene Form.
H: 8 cm; B: 10 cm. **Standort:** halbschattig. **Winterhärte:** hart. **Boden:** keine besonderen Ansprüche. **Pflanzpartner:** *Hacquetia epipactis, Hepatica.*

Rudbeckia fulgida

(Sonnenhut)

Fröhliche, gelbe Strahlenblüten mit einem großen, schwarzen Kegel in der Mitte lassen sie eher wie eine typische Staude für sonnige Rabatten aussehen, doch die 60 cm hohe *R. fulgida* var. *sullivantii* ›Goldsturm‹ gedeiht auch in bindigen, feuchten Böden in schattiger Lage.
H: 60 cm; B: 30 cm. **Standort:** leicht schattig. **Winterhärte:** hart. **Boden:** feucht. **Pflanzpartner:** *Crocosmia, Hemerocallis.*

Salomonssiegel siehe *Polygonatum*

Scharbockskraut siehe *Ranunculus ficaria*

Schaumkraut siehe *Cardamine*

Scheinmohn siehe *Meconopsis*

Schlüsselblume siehe *Primula*

Schwalbenwurzenzian siehe *Gentiana asclepiadea*

Smilacina racemosa

Unserem Salomonssiegel nahestehende Staude mit ähnlichem Laub; Blüten jedoch schaumig cremefarben in endständigen Trauben im Spätfrühling, gut duftend; angeblich kalkfliehend.
H: 75 cm; B: 60 cm. **Standort:** halbschattig. **Winterhärte:** hart. **Boden:** möglichst kalkarm. **Pflanzpartner:** *Dicentra, Paeonia.*

Sockenblume siehe *Epimedium*

Sonnenhut siehe *Rudbeckia fulgida*

Tabak siehe *Nicotiana*

Taglilie siehe *Hemerocallis*

Tricyrtis
(Krötenlilie)

Die bizarren, oftmals getupften Blüten der Krötenlilien erscheinen im Spätsommer und blühen häufig bis in den Herbst. *T. formosana* (syn. *T. stolonifera*) bildet stark kriechende Wurzelstöcke und treibt dunkelgrüne Blätter; die dunklen Knospen auf verzweigten, 60–90 cm hohen Stengeln öffnen sich zu braun oder mauvefarben getupften Blüten. Die Krötenlilie mit der frühesten Blüte im Sommer ist *T. latifolia* (syn. *T. bakeri*) mit ockergelben, lilagefleckten Blüten und gesprenkeltem Laub. Die ebenfalls 90 cm erreichende *T. macropoda* treibt später im Jahr cremegrüne Blüten mit malvenfarbenen Tupfen; die großen Blüten der *T. hirta* sind weiß mit vielen lila Flecken oder aber reinweiß. ›White Towers‹ besitzt weich behaarte Blätter und milchweiße Blüten. Manche Arten heben sich durch glockige Blüten in einem sanften Gelbton besonders hervor, so *T. macrantha* und ihre Varietät *macranthopsis* mit bogig überhängenden Trieben und nickenden, innen rotbraun gefleckten Blüten sowie *T. ohsumiensis* mit aufrechten, weit geöffneten Blüten.
H und B: 30–90 cm. **Standort:** halbschattig. **Winterhärte:** bedingt hart. **Boden:** Laubhumusboden. **Pflanzpartner:** *Actaea, Fritillaria.*

Trillium
(Dreiblatt, Waldlilie)

Das Dreiblatt, eine wertvolle dauerhafte, rhizombildende Gartenpflanze, trägt seinen Namen zurecht, denn sowohl seine Blätter als auch die Kronblätter und die Kelchblätter der Blüten sind dreiteilig. Die wichtigste Art, *T. grandiflorum*, trägt reinweiße Blüten über einfarbig grünem Laub und hat eine hübsche gefüllte Form, f. *flore pleno, T. ovatum* ist ähnlich und verfärbt sich im Verblühen rosa. Das Farbspektrum des sehr variablen *T. erectum* reicht von Weiß über Rosa, Grün und Gelb bis hin zu Dunkelrot. *T. luteum* mit gelben, leicht grünstichigen Blüten über gefleckten Blättern weist die gleiche schmale, spitz zulaufende Form der Blütenblätter auf wie *T. sessile* in kräftigem Braunrot, Rosa oder Weiß. Auch *T. chloropetalum* zeigt einen ähnlichen Habitus. Winzige Waldlilien für schattigen Fels oder Hochbeet sind u. a. *T. rivale* mit weißen oder rötlich angehauchten, purpurn gefleckten Blüten, *T. recurvatum* mit gesprenkelten Blättern und bräunlichen Blüten und *T. undulatum*, dessen rosafarbene Petalen am Grund einen dicken, roten Streifen ausweisen. Die kleinste Art ist das Schneetrillium, *T. nivale*, das seine reinweißen Blüten schon sehr früh im Vorfrühling treibt.
H: 10–60 cm; B: 15–30 cm. **Standort:** Halbschatten bis Vollschatten. **Winterhärte:** hart. **Boden:** kalkfreier Laubhumusboden. **Pflanzpartner:** *Erythronium, Mertensia.*

Veilchen siehe *Viola*

Veratrum
(Germer)

Krautige Stauden mit kräftigen, geriffelten, giftigen Blättern und winzigen Blüten in dichten Ähren. *V. nigrum* verfügt über die elegantesten Blätter und schwarzpurpurne Blüten an 1,50 m hohen Stengeln. Die Blätter des *V. album* sind zwar kleiner, doch zeichnen sich die besten Formen im Sommer durch mächtige, endständige Rispen elfenbeinfarbener Blüten aus. *V. viride* hat grüne Blüten.
H: 1,50 m; B: 60 cm. **Standort:** halbschattig. **Winterhärte:** hart. **Boden:** feucht, nährstoffreich. **Pflanzpartner:** *Hosta,* Farne.

Viola
(Veilchen)

Das Duftveilchen und seine nicht duftenden Verwandten stellen keine besonderen Ansprüche an den Boden und füllen auch schattige Winkel. Der Formenreichtum der *V. odorata* reicht vom vertrauten Blauviolett und Weiß bis hin zu reinerbigen Auslesen wie ›Cœur d'Alsace‹ in Rosa, ›Princess Alexandra‹ in Azurblau, ›Sulphurea‹ in Gelbbraun, ›Red Charm‹ in Rot und ›Skimmed Milk‹ in leicht bläulichem Weiß. ›Czar‹ ist eine wertvolle lilafarbene Sorte. Die leuchtendgelben Blüten von *V. pensylvanica*, *V. glabella* und *V. biflora* duften nicht. Außerdem neigen diese Arten dazu, sich allzu üppig zu verbreiten. Noch stärker wuchern die rosafarbene *V. rupestris* ›Rosea‹, die lilablättrige *V. labradorica*, *V. riviniana* und das Hundsveilchen *V. canina*, letztere beiden mit geruchlosen, blaßvioletten Blüten. All diese Arten siedelt man am besten zwischen Sträuchern an, wo sie sich großflächig ausdehnen können, ohne dabei zierliche Pflänzchen zu ersticken. Zu den schönsten Veilchen, denen zur Vollkommenheit nur der Duft fehlt, zählen diejenigen mit besonders großen Blüten in Blau oder Weiß: *V. obliqua* (syn. *V. cucculata*), *V. sororia* ›Albiflora‹, *V. papilionacea* und *V. septentrionalis*. Die weißen Blüten von ›Freckles‹ sind über und über mit violetten Tupfen bedeckt. Das Hornveilchen, *V. cornuta*, mit flachen Blüten in Lavendel, Weiß oder bläulichen Tönen ist ebenfalls eine wertvolle Schattenpflanze, die sich insbesondere für die Besiedlung von Straucharealen eignet, da sie in das Astwerk eindringt. Die 8 cm hohe, weiß und zartlila blühende *V. hederacea* mit verkürzten unteren Petalen benötigt zu gutem Gedeihen einen warmen, halbschattigen Standort.
H: 8–15 cm; B: 15–30 cm. **Standort:** Halbschatten bis Vollschatten. **Winterhärte:** bedingt hart bis hart. **Boden:** Laubhumus: **Pflanzpartner:** Primeln, *Corylopsis.*

Wachsglocke siehe *Kirengeshoma palmata*

Waldlilie siehe *Trillium*

Zahnwurz siehe *Cardamine*

Sträucher und Kletterpflanzen

Alexandrinischer Lorbeer siehe *Danaë racemosa*

Alpenrose siehe *Rhododendron*

Azalee siehe *Rhododendron*

Camellia
(Kamelie)

Camellia × *williamsii* ist die anpassungsfähigste unter den Kamelien; dabei weist sie so unterschiedliche Formen auf wie ›J. C. Williams‹ mit einfachen Blüten in Blaßrosa und die üppig gefüllte ›Debbie‹ in leuchtendem Rosa. Dazwischen liegen einfache Sorten wie ›St. Ewe‹ (Tiefrosa), ›Mary Christian‹ (Rosa) und ›Francis Hanger‹ (Weiß). ›November Pink‹ blüht den ganzen Winter über im Freien. Sie alle stoßen verwelkte Blüten vollständig ab. Bei den gefüllt-blühenden Sorten ist das nicht immer der Fall. Zu ihnen zählen die bekannte, halbgefüllte ›Donation‹ in mittlerem Rosa, ›Elsie Jury‹ in dem Rosaton der Orchideen, wobei die Blütenform mal den Anemonen, mal den Pfingstrosen näherkommt und ›Anticipation‹ mit großen Blüten in Purpur-Rosa. ›Mary Phoebe Taylor‹ mit ihren riesigen, päonienartigen, rosa Blüten auf biegsamen Stengeln eignet sich hervorragend zum Hochranken an Mauerwänden. Die früh- und reichblühende *C.* ›Cornish Show‹ zählt zu den besten weißen Kamelien für die Freilandkultur. Alle Kamelien lieben sauren Laubhumusboden und viel Feuchtigkeit während der Sommermonate.
H: 1,80–2,50 m; B: 1,20–2,50 m. **Standort:** halbschattig. **Winterhärte:** bedingt hart. **Boden:** feucht, kalkfrei. **Pflanzpartner:** *Omphalodes cappadocica, Gaultheria.*

Clematis
(Waldrebe)

Viele Waldreben zeigen in leichtem Schatten gutes Gedeihen und eine reiche Blüte. Wichtigste Verbündete des Schattengärtners ist die im Frühling blühende *C. montana*, die selbst dort noch wächst, wo es sonst kaum noch eine Pflanze aushält und eine Höhe von 9 m und mehr erreichen kann. Der Typus ist weiß und duftet nach Vanille. *C. montana* ›Rubens‹ dagegen ist rosa und hat bronzefarbenes Laub. Unter den weißblühenden Formen finden sich die reinweiße, geruchlose ›Grandiflora‹, die cremefarbene, duftende ›Alexander‹ sowie *C. montana* var. *wilsonii*, die erst einen Monat nach den anderen blüht und nach Schokolade riecht. Blaßrosa Sorten wie ›Elizabeth‹, ›Vera‹, und ›Pink Perfection‹, allesamt duftend, neigen dazu, im Schatten noch stärker zu verblassen. Sorten mit intensiverem Rosa duften dagegen nicht: ›Picton's Variety‹, ›Freda‹, ›Rubens Superba‹ und ›Mayleen‹ tragen bronzefarbene Blätter. ›Tetrarose‹ hat besonders große, mauvefarbene Blüten.
H: 8–10 m; B: 6 m. **Standort:** vertragen Vollschatten. **Winterhärte:** hart. **Boden:** nährstoffreich. **Pflanzpartner:** *Pinus* (als Kletterhilfe), *Viburnum plicatum* ›Mariesii‹.

Clethra
(Scheineller)

Clethra delavayi ist ein edler Strauch für geschützte, schattige Standorte, der mit zunehmendem Alter nahezu Baumdimensionen erreicht und im Sommer in Blüte steht. Die milchweißen, glockigen Blüten mit braunen Staubbeuteln stehen in langen Trauben; im Verblühen färben sich ihre grauen Kelche rosa. Die Blätter sind unterseits weich behaart. Die immergrüne, baumartige *C. arborea* mit großen, weißen, maiglöckchenähnlichen Blüten eignet sich nur für Gärten in einer wirklich frostfreien Region.
H: 3 m; B: 2,50 m. **Standort:** Streuschatten. **Winterhärte:** bedingt hart. **Boden:** sauer, feucht. **Pflanzpartner:** *Helleborus lividus, Athyrium niponicum.*

Corylopsis
(Scheinhasel)

Corylopsis pauciflora ist ein Strauch für saure Böden in windgeschützter Lage mit Streuschatten. Ihre zartgelben, nach Schlüsselblumen duftenden Blüten öffnen sich im Frühling kurz bevor die neuen, korallenrosa getönten Blätter erscheinen. Sie erreicht im Laufe der Jahre eine Höhe von 1,50 m. Größer und kräftiger ist die ein geringes Maß an Kalk vertragende *C. sinensis* (syn. *C. willmottiae*). Ihre auffälligen Trauben zitronengelber Blüten mit roten Staubbeuteln duften ebenfalls nach Schlüsselblumen. *C. sinensis* ›Spring Purple‹ hat purpurnes junges Laub und zartgelbe Blüten.
H und B: 1,20–2 m. **Standort:** halbschattig. **Winterhärte:** hart, muß aber gegen Spätfrost geschützt werden. **Boden:** neutraler bis saurer Laubhumusboden. **Pflanzpartner:** *Anemone apennina, Rhododendron thomsonii.*

Rhododendron cinnabarinum

Immergrüne Sträucher bilden das Gerüst des schattigen Gartens, blühende Sträucher schmücken ihn mit ihren Farben, und Kletterpflanzen können Gehölzen, an denen sie sich emporwinden, ein neues Gesicht verleihen.

Daphne pontica

Danaë racemosa
(Alexandrinischer Lorbeer)

Ein eleganter, immergrüner, dem Mäusedorn (*Ruscus*) nahestehender Strauch mit gebogenen, 90 cm langen Stämmen, die mit schmalen, glänzend-dunkelgrünen Kladodien (blattartig verbreiterten grünen, der Assimilation dienenden Sproßachsen) besetzt sind. Manche tragen im Herbst rote Früchte.
H: 90 cm; B: 60 cm. **Standort:** verträgt Vollschatten. **Winterhärte:** hart. **Boden:** feucht. **Pflanzpartner:** *Daphne pontica*, Farne.

Daphne pontica

Ein immergrüner Strauch mit glänzenden, am Ende abgestumpften Blättern und Büscheln lindgrüner Blüten im Frühling, denen dunkelrote Früchte folgen. Das Abreiben der Beeren vor der Aussaat verbessert die Keimfähigkeit. Nachts verströmen die Blüten einen eindringlichen, süßen Duft.
H: 75 cm; B: 90 cm. **Standort:** verträgt Vollschatten. **Winterhärte:** bedingt hart. **Boden:** feuchter, gut durchlässiger Laubhumusboden. **Pflanzpartner:** *Epimedium*, Farne.

Efeu siehe *Hedera*

Fatsia japonica
(Zimmeraralie, Fingerpalme)

Ein großer, immergrüner Strauch, der im Schatten gutes Gedeihen zeigt und sich ideal für Stadtgärten eignet. Er besitzt große, handförmig gelappte, dunkelgrüne Blätter mit leicht gefransten Rändern und bringt im Herbst Dolden cremefarbener Blüten hervor, die die Verwandtschaft mit dem Efeu erkennbar werden lassen. Im Container gezogen wird er weniger groß.
H und B: 2,50 m. **Standort:** verträgt Vollschatten. **Winterhärte:** hart. **Boden:** jeder passable Gartenboden. **Pflanzpartner:** Bambus, *Hosta*.

Fingerpalme siehe *Fatsia japonica*

Gaultheria
(Scheinbeere)

Ein Erikagewächs für saure Böden. *G. shallon* verträgt selbst tiefsten Schatten (ohne dort zu blühen), aber als Pflanzpartner taugt diese stark wuchernde Art wenig. Mehr Benehmen zeigt *G. procumbens*. Sie bildet einen dichten, immergrünen Teppich, der mit winzigen, weißen Blüten gespickt ist, die im Herbst von lebhaft roten Früchten abgelöst werden. Es existieren außerdem mehrere Arten mit weißen oder blauen Früchten: Zu denen, die die rechte Größe für schattigen Fels oder ein Hochbeet mitbringen, zählen *G. trichophylla* mit kleinen Blättern, rosa Blüten und türkisfarbenen Früchten, *G. cuneata* mit weißen Früchten und bronzefarbenen Blättern, *G. itoana* mit weißen Früchten und grünem Laub sowie *G. miqueliana* mit weißen oder rosafarbenen Beeren. Großwüchsiger als diese sind *G. wardii* mit königsblauen Früchten, *G. hookeri* mit türkisfarbenen und *G. semiinfera* mit indigoblauen Beeren. Die weißen, wächsernen, urnenförmigen Blüten der *G. forrestii* sind besonders schön und duften überdies. Ihnen folgen tiefblaue Beeren. Bei *G. hispida* sind sowohl die Blüten als auch die Früchte weiß.
H: 15–120 cm; B: 15–90 cm. **Standort:** halbschattig. **Winterhärte:** bedingt hart bis hart. **Boden:** sauer. **Pflanzpartner:** *Pieris*, *Leucothoë*.

Hedera
(Efeu)

Der Efeu weist einen außerordentlichen Formenreichtum auf – von kleinsten, nichtkletternden *H.-helix*-Sorten bis hin zu der üppig wuchernden *H. hibernica*. Die Kulturformen von *H. helix* gehen in die Hunderte. An dieser Stelle sollen zehn davon genügen: ›Adam‹, hübsche, kleine, weiß panaschierte Blätter, die im Winter rosa anlaufen; ›Congesta‹ und die ähnliche ›Conglomerata‹, zwei zwergwüchsige Strauchformen mit dichtbeblätterten, aufrechten, bis 60 cm langen Trieben; ›Goldheart‹, annähernd dreieckige Blätter mit goldgelbem Fleck in der Mitte; ›Harald‹, hübsches, grün und cremefarben panaschiertes Laub; ›Heron‹, leuchtendgrüne, schmale, fünflappige Blätter, die an einen Vogelfuß erinnern; ›Ivalace‹, langsam wachsend, hübsche, dunkelgrüne Blätter mit krausem Rand; ›Sagittifolia‹, hellgrüne, fünflappige Blätter mit langen Endlappen und kleinen, spitzen seitlichen Lappen, und deren cremefarben gezeichnete Form ›Sagittifolia Variegata‹; ›Shamrock‹, eine kompakte Sorte mit dunkelgrünen, dreilappigen, konkaven Blättern; ›Très Coupé‹, winzige, fünflappige Blätter wie eine kleinformatige ›Sagittifolia‹. Weitere Arten sind *H. canariensis*, zu der die bekannte, etwas frostempfindliche ›Gloire de Marengo‹ mit silbrig cremegrauer Blattmarmorierung gehört, sowie *H. colchica*, deren große Blätter bei ›Dentata Variegata‹ mit blaßgelben Rändern und ›Sulphur Heart‹ mit blaßgelben Flecken in der Mitte besonders eindrucksvoll wirken.
H: 30 cm – bei Kletterpflanzen je nach Sorte und Stütze nahezu unbegrenzt; B: 30 cm – bei Bodendeckern je nach Sorte nahezu unbegrenzt. **Standort:** verträgt Vollschatten. **Winterhärte:** bedingt hart bis hart. **Boden:** jeder passa-

ble Gartenboden möglich. **Pflanzpartner:** *Hosta*, Farne.

Heidelbeere siehe *Vaccinium*

Hortensie siehe *Hydrangea*

Hydrangea
(Hortensie)

H.-macrophylla- und *H.-serrata-*Formen sind ausgezeichnete Schattenpflanzen. Sie tragen entweder ballförmige Blüten oder flache »Spitzenhäubchen«. Eine der schönsten Hortensienarten ist *H. aspera* ssp. *aspera* (syn. *H. villosa*), ein Großstrauch mit rauhen Blättern und Blütendolden aus fertilen, rosa- bis mauvefarbenen Einzelblütchen, teils durch lavendelblaue, sterile Scheinblüten ergänzt. *H. sargentiana* mit riesigen, dunkelgrünen, samtigen Blättern und zottig behaarten Trieben gedeiht selbst in dichtem Schatten; ihre flachen Doldenrispen in tiefem Mauve sind von weißen, sterilen Scheinblüten umgeben. *H. quercifolia* wird gerne wegen ihrer kräftigen Blätter mit schöner Herbstfärbung angepflanzt. Die robusteste Art der Gattung ist *H. paniculata* mit weißen, lockeren, kegelförmigen Blütenrispen: Das Trio aus ›Praecox‹, ›Floribunda‹ und ›Tardiva‹ sorgt für mehrwöchige ununterbrochene Blüte; die großen, schweren Blütenkegel von ›Grandiflora‹ bestehen gänzlich aus sterilen Scheinblüten. ›Kyushu‹ trägt Spitzenhäubchen-Blüten, die lange am Strauch haftenbleiben. Die Kletterhortensien *H. anomala* ssp. *petiolaris* (laubabwerfend) mit weißen Spitzenhäubchen und *H. serratifolia* (immergrün) mit duftigen Blütenköpfen zeigen an sonnigen Standorten eine reiche Blüte, gedeihen aber auch in leichtem Schatten noch gut. Bei den Arten der verwandten Gattung *Schizophragma* handelt es sich ebenfalls um Kletterpflanzen mit Haftwurzeln: die *S. hydrangeoides* weist die rosafarbene Sorte ›Roseum‹ auf, *S. integrifolium* trägt elfenbeinfarbene Spitzenhäubchen.

H und B: 60–250 cm. **Standort:** halbschattig *(H. sargentiana* verträgt Vollschatten). **Winterhärte:** bedingt hart bis hart. **Boden:** feuchtigkeitsspeichernd, sauer bis neutral. **Pflanzpartner:** *Astilbe*, Japan-Anemonen.

Itea ilicifolia

Dieser immergrüne Strauch für etwas geschützte, leicht schattige Standorte hat glänzenddunkelgrüne, scharfgezähnte, ovale Blätter, die denen der Stechpalme ähneln und lange, kätzchenartige Quasten duftender, cremegrüner Blüten im Sommer und Frühherbst.
H und B: 2 m. **Standort:** leicht schattig. **Winterhärte:** nicht hart. **Boden:** jeder passable Gartenboden. **Pflanzpartner:** *Azara, Pileostegia.*

Kamelie siehe *Camellia*

Leucothoë
(Traubenheide)

Kleine Gattung zur Familie der *Ericaceae* gehörender, größtenteils immergrüner Sträucher für kühle, saure Böden in durchbrochenem Schatten. Die gebogenen Triebe der etwa 1 m hohen *L. fontanesiana* sind mit spitzen, glänzendgrünen Blättern besetzt, die sich im Winter kupfern einfärben. Im Frühling erscheinen achselständige Trauben weißer, krugförmiger Blüten. Es existiert eine wild panaschierte Form namens ›Rainbow‹ mit einer Blattmarmorierung in Rosa, Creme und Gelb auf grünem Grund. Die kleinere *L. davisiae* öffnet ihre weißen, in aufrechten Trauben stehenden Blüten erst zwei Wochen später, und noch später blüht die kleinste Art, *L. keiskei,* mit ihren rötlichen, im Zickzack verlaufenden Zweigen und spitzen, glänzenden Blättern. Sie braucht mehr Feuchtigkeit als die anderen Arten.
H und B: 30–90 cm. **Standort:** halbschattig. **Winterhärte:** bedingt hart bis hart. **Boden:** sauer. **Pflanzpartner:** *Pieris, Rhododendron.*

Mahonia
(Mahonie)

Neben dem bekannten Frühlingsblüher *M. aquifolium* und der *M. japonica* mit ihren gefiederten Blättern und langen Trauben gelber, im Winter nach Maiglöckchen duftender Blüten umfaßt die Gattung auch niedrige, kriechende Sträucher und hohe, baumartige Spezies aus dem Himalaja. *M. repens* var. *rotundifolia* mit rundlichen, nicht dornig gezähnten, meergrünen Blättchen ist ein niedriger Strauch. Zu den Hybriden von *M. aquifolium* gehören ›Toluacensis‹ mit schmalen, gewellten, im Winter bronzen anlaufenden Blättchen und ›Moseri‹, deren apricotfarbener Austrieb zu einem hellen Grün verblaßt, im Sommer in Dunkelgrün übergeht und im Winter rot leuchtet. Die größte Mahonie ist die schlaksige *M. lomariifolia* mit ihren leiterartig gefiederten Blättern aus vielen, schmalen Blättchen in dicken Büscheln am Ende kahler Zweige und gelben, aufrechten Blütentrauben. Kreuzungen zwischen dieser Art und *M. japonica* wurden unter dem Namen *M.* × *media* zusammengefaßt; ›Winter Sun‹, duftend und dekorativ, ist sicher eine der besten Hybriden aus dieser Gruppe. *M. bealii* mit aufrechten Trauben gelber Blüten, *M. japonica* und *M. repens* brauchen geschützte Lagen, *M. aquifolium* ist robust und winterhart.
H und B: 30–250 cm. **Standort:** halbschattig. **Winterhärte:** bedingt hart bis hart. **Boden:** keine besonderen Ansprüche. **Pflanzpartner:** Farne, *Iris foetidissima.*

Mahonie siehe *Mahonia*

Pileostegia viburnoides

Eine immergrüne, selbständig kletternde Verwandte der Hortensien (syn. *Schizophragma viburnoides)* mit wunderschön kräftigen, länglichen Blättern und elfenbeinfarbenen, flaumigen Blütenbüscheln im Spätsommer. Am üppigsten blüht sie, wenn sie einige Stunden am Tag Sonne abbekommt.

H und B: 6 m. **Standort:** verträgt Vollschatten. **Winterhärte:** nicht hart. **Boden:** jeder brauchbare Gartenboden. **Pflanzpartner:** *Fatsia, Mahonia.*

Rhododendron
(Alpenrose, Azalee)

Diese riesige Gattung umfaßt sowohl kleinste Sträucher für den Steingarten als auch baumartige Großsträucher. Interessenten finden in Spezial-Betrieben, die sich mit Rhododendron-Züchtung und deren Kultur befassen, eine große Auswahl der verschiedensten Sorten, die in unserem Klima gut gedeihen. Vor allem sommergrüne Arten (die sogenannten Azaleen) sind weniger frostempfindlich. Bei der folgenden Auswahl handelt es sich um Liebhaberpflanzen für den, der es einmal mit ausgefallenen Arten versuchen möchte. Alle Pflanzen brauchen sehr geschützte Lagen und sind bei uns nicht völlig winterhart. Artbastarde der ersten Generation und solche, die den Wildarten noch relativ nahestehen, vereinen oftmals die Tugenden der Arten – Eleganz und Grazie – mit den besten Eigenschaften der Hybriden, robuster Gesundheit und Wüchsigkeit. Die Gruppe der Loderi-Hybriden wächst zu baumgroßen Gehölzen mit rosa marmorierter Schälborke heran; die stark duftenden Blüten sind so groß wie Lilien: ›King George‹ treibt blaßrosa Knospen, die sich weiß öffnen; ›Venus‹ ist zartrosa, ›White Diamond‹ reinweiß. Für kleine Gärten ist ›Fabia‹, ein ausladender Busch mit zartkorallenroten Blütenglocken, besser geeignet. ›May Day‹ hat rote, wächserne, trichterförmige Blüten, seine Blätter sind unterseits mit beigefarbenem Filz überzogen. ›Dairymaid‹ trägt blaßgelbe Blüten, ›Damaris‹ hellzitronengelbe Blütenglocken. ›Hawk‹ ist ein etwas größerer Strauch in leuchtendem Gelb. Zu den blaublütigen Rhododendren, deren Blau immer einen ins Violett oder Lila gehenden Stich aufweist, zählt der hohe *R. augustinii* und seine hübsche Form ›Electra‹ mit blauvioletten, in der Mitte grünlichen Blüten. *R. cinnabarinum* und seine Abkömmlinge, die leider für Mehltau anfällig sind, tragen wächserne, schmale Blütenglocken und hübsches, graublaues Laub: ›Lady Chamberlain‹ ist zartterrakottafarben, ›Lady Rosebery‹ rosa. Für kleine Gärten eignen sich *R. williamsianum* und seine Nachkommen mit kuppelförmigem Wuchs und rundlichen, im Frühling bronzefarbenen Blättern. *R. williamsianum* selbst hat muschelrosafarbene Blütenglocken. ›Humming Bird‹ ist karminrot, die rosigen Knospen von ›Moonstone‹ erblühen in cremigem Blaßgelb. ›Yellow Hammer‹ ist eine bekannte, schlanke Hybride mit kleinen, leuchtendgelben, röhrenförmigen Blüten im Frühling und Herbst; ›Crossbill‹ trägt bernsteinfarbene Blüten mit herausragenden Staubgefäßen. ›Praecox‹ wird wegen seiner leuchtendamethystfarbenen, röhrenförmigen Blüten im Winter geschätzt. ›Tessa‹ ist kleiner, blüht später und spielt eher ins Rosa.

Rhododendren tun sich auch durch ihr schönes, oft unterseits befilztes Laub hervor und bleiben so das ganze Jahr hindurch dekorativ. Arten mit besonders imposanten Blättern brauchen einen geschützten Standort mit hoher Luftfeuchtigkeit. Relativ einfach zu kultivieren sind unter ihnen *R. hodgsonii* mit glänzenddunkelgrünem, unterseits beigebefilztem Laub. *R. macabeanum* hat lange, unterseits silbrige Blätter, die aus scharlachrot geschuppten Knospen hervorbrechen, und im Frühling rundliche, zitronengelbe Blütenglocken. Die langen Blätter des *R. falconeri* sind unterseits leuchtendrostrot, seine wächsernen, cremegelben Blüten erscheinen in großen Büscheln. Niedrigere Arten mit kleineren, filzigen Blättern sind z. B. *R. bureavii* mit unterseits fuchsroten Blättern, die *R.-roxieanum* Oreonastes-Gruppe mit schmalen, unterseits rostbraunen Blättern, *R. haematodes* mit scharlachroten Glockenblüten und dunkelgrünen, unterseits bräunlich filzigen Blättern, *R. arboreum* ›Sir Charles Lemon‹ mit mahagonifarbenen Trieben und reinweißen Blüten. *R. thomsonii* hat rundliche, graublaue Blätter und eine rosafarbene Schälborke. Der azaleenartige *R. lutescens* öffnet seine hellgelben Blüten im Frühling inmitten kupferfarbenen jungen Laubes. *R. oreotrephes* hat graublaues Laub und mauveviolette Blütenglocken; der niedrige, rundliche *R. glaucophyllum* treibt seine rosenroten Glöckchen inmitten blaugrauer, unterseits weißer, aromatischer Blätter. Für warme, schattige Lagen eignen sich mehrere frostempfindliche Arten und Hybriden mit weißen Blüten, die in Aussehen und Duft an Lilien erinnern. Ein typischer Vertreter dieser Gruppe ist ›Fragrantissimum‹. Die Azaleen eignen sich ebenfalls für durchbrochenen Schatten. ›Summer Fragrance‹ ist sommergrün mit duftenden, weißen, blaßgelb überhauchten Blüten und grasgrünem Laub. ›Daviesii‹ ist weiß und gelb, ›Narcissiflorum‹ zartgelb und gefüllt. Die gelben Blüten des Großstrauches *R. luteum* verbreiten in ihrer ganzen näheren Umgebung einen ungeheuer intensiven Duft.

H und B: 30–600 cm. **Standort:** Streuschatten. **Winterhärte:** unterschiedlich. **Boden:** sauer. **Pflanzpartner:** *Lilium*, Farne.

Sarcococca

Kleine, immergrüne Sträucher, die im Winter blühen. *S. hookeriana* var. *humilis* ist ein niedriger, Ausläufer treibender Strauch mit winzigen, duftenden Blüten. Die etwas größere *S. ruscifolia* hat nicht wie die anderen schwarze, sondern rote Früchte. *S. saligna* besitzt das schönste Laub, ist aber relativ frostempfindlich und zudem ohne Duft. Wer eine rundum ansprechende Art sucht, sollte sich für *S. hookeriana* var. *digyna* mit schmalen Blättern und kleinen, cremerosa-

farbenen, honigsüß duftenden Blüten an aufrechten, dickichtbildenden, dunkelroten Trieben entscheiden.
H und B: 30–60 cm. **Standort**: halbschattig. **Winterhärte:** bedingt hart. **Boden:** jeder passable Gartenboden. **Pflanzpartner:** *Helleborus, Daphne.*

Scheinbeere siehe *Gaultheria*
Scheineller siehe *Clethra*
Scheinhasel siehe *Corylopsis*
Schneeball siehe *Viburnum*

Skimmia
(Skimmie)

Von diesem immergrünen Strauch wird manchmal behauptet, daß er kalkfliehend sei, doch viel wichtiger für die Ausbildung gesunden, dunkelgrünen Laubs ist ein humoser Boden in schattiger Lage. Die männlichen Pflanzen haben im allgemeinen die schöneren Blüten, aber die weiblichen tragen auffälligen, scharlachroten Beerenschmuck. *S. japonica* ›Rubella‹ ist ein männlicher Strauch mit leuchtendpurpurfarbenen Knospen im Winter, aus denen im Frühling weiße Blüten platzen; ›Fragrans‹ (ebenfalls männlich) bietet einen etwas bescheideneren Anblick, verströmt dafür aber einen herrlichen Maiglöckchenduft. ›Ruby Dome‹ ist eine kompakte, männliche Sorte mit roten Knospen. ›Nymans‹ zeigt eine lichte Wuchsform und bringt schönen Beerenschmuck hervor. Für sehr begrenzte Platzverhältnisse kommt ›Bowles' Dwarf‹ (sowohl männliche als auch weibliche Formen) in Frage. Die Hybride *S.* × *confusa* ›Kew Green‹ ist von niedrigem, weit ausladendem Habitus, besitzt leuchtendgrünes, aromatisch duftendes Laub und treibt im Frühling blaßgrüne Blüten.
H: 30–180 cm; B: 30–150 cm. **Standort:** halbschattig. **Winterhärte:** hart. **Boden:** nährstoffreich, feucht, neutral. **Pflanzpartner:** *Danaë racemosa, Ribes laurifolium.*

Skimmie siehe *Skimmia*
Traubenheide siehe *Leucothoë*

Vaccinium
(Heidelbeere)

Eine Gattung aus der Familie der *Ericaceae,* die sowohl kleinste, kriechende Pflanzen wie auch unsere heimische Blaubeere umfaßt. *V. arctostaphylos* ist ein 90 cm hoher, breitwüchsiger Strauch mit vielen weißen oder roten Blütenbüscheln im Sommer, denen glänzende, schwarze Früchte folgen. *V. padifolium* zeigt einen aufrechten Wuchs, treibt im Sommer grüne Blütenglocken und ist höher als *V. cylindraceum,* welches dichte Büschel röhrenförmiger Blüten trägt, die zunächst rot, dann grün und ziegelrot sind. *V. floribundum* (syn. *V. mortinia)* ist immergrün mit dunklen, im Austrieb mahagonifarbenen Blättern und dichten Büscheln urnenförmiger Blüten in Rosa, auf die rote Früchte folgen. Die Moosbeere, *V. oxycoccos,* und die Groß-früchtige Moosbeere, *V. macrocarpon,* sind Wurzelkriecher mit eßbaren, roten Früchten. Auch *V. vitis-idaea,* die Preiselbeere, trägt rote Früchte; am eindrucksvollsten sind die der Sorte ›Koralle‹. Die wohl schönste Art dieser Gattung ist *V. glaucoalbum,* ein breitwüchsiger, 90 cm hoher, immergrüner Strauch mit großen, blaugrauen Blättern und blaßrosa Blüten über silbrig-rosigen Deckblättern im frühen Sommer.
H: 2,5–180 cm; B: 30–180 cm. **Standort:** halbschattig. **Winterhärte:** bedingt hart bis hart. **Boden:** sauer. **Pflanzpartner:** Azaleen, *Leucothoe.*

Viburnum
(Schneeball)

Die beliebten Schneeballarten mit flachen oder ballförmigen Blütenständen wie *V. plicatum, V. sargentii* und *V. opulus* und ihre verschiedenen Formen gedeihen auf einem Boden mittlerer Qualität in leicht schattiger Lage. Für saure Böden bieten sich *V. lantanoides* (syn. *V. alnifolium*) und *V. furcatum* an. Beide zeichnen sich durch kräftige, breite Blätter und eine leuchtende Herbstfärbung aus. *V. henryi* ist ein kalkverträglicher, immergrüner Strauch mit schmalen, dunkelglänzenden Blättern, weißen Blütenkegeln im Hochsommer und Fruchtständen, die einen Farbwechsel von Rot nach Schwarz zeigen. Sein Abkömmling *V.* × *hillieri* ›Winton‹ mit breiteren, im Austrieb kupferfarbenen Blättern ist nicht weniger dekorativ.
H und B: 1,80–2,50 m. **Standort:** halbschattig. **Frosthärte:** hart. **Boden:** jeder passable Gartenboden (für bestimmte Arten saures Milieu). **Pflanzpartner:** *Hosta, Clematis viticella.*

Zenobia pulverulenta

Waldrebe siehe *Clematis*

Zenobia pulverulenta

Ein Strauch aus der Familie der *Ericaceae* mit bläulichgrünem Laub und großen, weißen Blütenglocken im frühen Sommer, die überdimensionalen Maiglöckchenblüten gleichen. Die abgeblühten Stengel sollten entfernt werden, da das Gehölz sonst schnell verwahrlost.
H und B: 90 cm. **Standort:** halbschattig. **Winterhärte:** hart. **Boden:** sauer. **Pflanzpartner:** *Leucothoë, Pieris.*

Zimmeraralie siehe *Fatsia japonica*

Register

Kursiv gedruckte Seitenzahlen beziehen sich auf die Abbildungen, **fett** gedruckte Seitenzahlen auf das Kapitel »Die wichtigsten Pflanzen für den schattigen Garten«.

Abkürzungen bei den botanischen Pflanzennamen:
f. = forma (Form)
var. = varietas (Varietät)
ssp. = subspecies (Unterart)
syn. = Synonym

A

B

C

D

Danksagung

Der Verlag dankt den folgenden Fotografen und Institutionen für ihre freundliche Genehmigung zur Veröffentlichung der Fotos:

S. 1 Michael Boys/Boys Syndication; S. 2–3 IPC Magazines/Robert Harding Picture Library; S. 4–5 Elisabeth Whiting and Associates; S. 6–7 Marijke Heuff (Mr. & Mrs. Poley-Bom, Holland); S. 8 Jacqui Hurst/Boys Syndication; S. 9 Marijke Heuff (Garden Mien Ruys); S. 10 Andrew Lawson; S. 11 oben Philippe Perdereau; S. 11 unten Marijke Heuff (Mrs. L. Kneg Amerlaan, Holland, S. 12–13 Gary Rogers; S. 14 Peter Woloszynski; S. 15 Philippe Perdereau; S. 16 links Jerry Harpur/Elizabeth Whiting and Associates; S. 16 rechts Philippe Perdereau; S. 17 Philippe Perdereau: S. 19 Elizabeth Whiting and Associates: S. 21 Michael Boys/Boys Syndication; S. 22 Hugh Palmer; S. 23 Michael Boys/Boys Syndication; S. 24 Photos Herticultural; S. 25 Marijke Heuff; S. 26 Marijke Heuff (Mr. and Mrs. Voornijk-Luca, Holland); S. 27 Mike England; S. 28–29 John Miller/Garden Picture Library; S. 31 Philippe Perdereau; S. 32 Marijke Heuff (Wisley Gardens); S. 33 Michael Boys/Boys Syndication; S. 34 Michèle Lamontagne; S. 35 Marijke Heuff; S. 36 Tania Midgley; S. 39 Marijke Heuff (Garden Mien Ruys); S. 42 Michael Boys/Boys Syndication; S. 43 Andrew Lawson; S. 44 Photos Hortcultural; S. 45 Didier Willery/Garden Picture Library; S. 48 Andrew Lawson; S. 49 Gary Rogers; S. 50 Jane Taylor; S. 51 Michèle Lamontagne; S. 52 Eric Crichton; S. 53 oben Peter Woloszynski; S. 53 unten Eric Crichton; S. 54 Photos Horticultural; S. 55–56 Marijke Heuff (Mr. & Mrs. van der Upwich-Koffer); S. 58–59 Georges Lévêque; S. 60 Steven Wooster/Garden Picture Library; S. 61 Marijke Heuff (Mr. and Mrs. van der Upwich-Koffer); S. 62 Philippe Pedereau; S. 63 Tommy Candler/Garden Picture Library; S. 64 Marijke Heuff (Mrs. L. Kloeg Amerlaan, Holland); S. 65 links Elizabeth Whiting and Associates; S. 65 rechts Noel Kavanagh; S. 68 Jacqui Hurst/Boys Syndication; S. 69 Didier Willery/Garden Picture Library; S. 70 S & O Mathews; S. 71 Tania Migley; S. 73 S & O Mathews; S. 76 Rodney Hyett/Elizabeth Whiting and Associates; S. 77 links Christine Ternynck; S. 77 rechts Andrew Lawson; S. 78 Marijke Heuff; S. 79 Brian Carter/Garden Picture Library; S. 82–84 Tania Midgley; S. 85 Georges Lévêque; S. 86 Hugh Palmer; S. 87 links Marijke Heuff (Mr. & Mrs. van der Upwich-Koffer); S. 87 rechts S & O Mathews; S. 88 Jane Taylor; S. 89 oben Tania Midgley; S. 89 unten Marijke Heuff; S. 90 Photos Horticultural; S. 91 Eric Crichton; S. 93 Photos Horticultural; S. 96 Andrew Lawson; S. 97 Tania Midgley; S. 98 Hugh Palmer: S. 99 Gary Rogers/Garden Picture Library; S. 100–101 Gary Rogers; S. 102 Andrew Lawson; S. 103 Tania Midgley; S. 104 S & O Mathews; S. 105 Juliette Wade; S. 106–107 Tania Midgley; S. 108 Marijke Heuff; S. 110–113 Photos Horticultural; S. 115 Brian Carter/Garden Picture Library; S. 116 Photos Horticultural; S. 120 Andrew Lawson; S. 123 Photos Horticultural.

Darüber hinaus dankt der Verlag:
Vanessa Courtier, Lesley Craig, Tristram Holland, Barbara Nash and Janet Smy, Alistair Plumb and Helen Ridge.